期待はずれのドラフト1位

——逆境からのそれぞれのリベンジ

元永知宏 著

岩波ジュニア新書 843

はじめに

2015年の夏の甲子園、久しぶりにスーパースターが出現しました。名門・早稲田実業高校の清宮幸太郎《きよみやこうたろう》選手です。

5月に16歳になったばかりなのに、堂々と三番に座り、強豪高校のエースたちからヒットを打ち続けました。日本一にはなれませんでしたが、実力と人気を兼ね備えた「スーパー一年生」が多くの野球ファンの心を熱くしました。

もちろん、昔、野球少年だった私もそのひとり。彼の活躍は、遠く過ぎ去った自分の高校時代のことを思い出させてくれました。

1983年の夏――もういまから30年以上も前のことです。

暑い暑い甲子園で、日本一のチームが決まるその瞬間、マウンドに駆け寄る選手たちの中には桑田真澄《くわたますみ》投手と清原和博《きよはらかずひろ》選手の姿がありました。ふたりは一年生ながら、PL学園高校のエースと四番打者として、歓喜《かんき》の輪の真ん中にいたのです。

背番号11をつけた桑田投手は、6試合すべてに登板し、4勝を挙げました。準々決勝で高知商業高校を下し、準決勝では夏春夏3連覇を目指した池田高校に完封勝ちをおさめました。

桑田投手がすごかったのはピッチングだけではありません。バッターとして、20打数7安打で打率3割5分0厘という成績を残しました。準決勝の池田高校戦では、その秋のドラフト会議で読売ジャイアンツから1位指名を受ける水野《みずの》雄仁《かつひと》投手からホームランも放ちました。

清原選手は6試合すべてで四番に座り、23打数7安打5打点。決勝戦では甲子園初ホームランを打ちました。

ふたりと同い年の私はそのとき、どこにでもいる普通の高校一年生。甲子園を夢見ていましたが、それを「目標」と口にするのもはばかられるような弱小野球部の一員でした。一年生の夏にはまだ公式戦に出ることもなく、グラウンド整備と基礎練習に明け暮れる日々を送っていました。

桑田投手と清原選手は、自分と同じ高校一年生とは思えませんでした。ふたりは名門野球部のレギュラーとして甲子園のグラウンドに立ち、並み居る強豪を、それもドラフト1位で指名されるような超高校級の選手を撃破したのだから、そう思うのも当然です。全国の野球部で汗を流す高校一年生はみんな同じ気持ちだったのではないでしょうか。

桑田投手、清原選手はその後「KKコンビ」と呼ばれ、出場できる5回の甲子園にすべて出場し、三年生の最後の夏も日本一で締めました。

私の高校は、県のベスト16まで勝ち上がるのがやっと。最後の夏は2対18で5回コールド負けを喫《きっ》してしまいました。「甲子園に行きたい」と誰にも言わなくてよかった……。

甲子園を目指して同じ3年間を過ごした野球部員でも、彼らとは天と地ほどの差がありました。ふたりが大会ごとにスケールアップしていく姿を、私はスポーツ漫画の主人公の成長を追いかけるように眺めていました。

高校一年の夏に頂点に立った「KKコンビ」は、そのあともずっと私たちの世代の先頭を走っていきました。

はじめに

桑田投手はジャイアンツのエースに与えられる背番号18を背負い、プロ野球通算173勝をマークしました。清原選手は西武ライオンズの四番を任され、常勝軍団の中心にいました。プロ生活22年間で放った通算ホームランは525本。「スーパー高校一年生」はスーパースターのまま、ユニフォームを脱いだのです。

1967年(4月〜1968年3月)生まれのプロ野球選手の中で、一番長く現役を続けたのは41歳の清原選手でした(桑田投手は2008年3月に39歳11カ月で引退)。つまり、彼らふたりは最初から最後までトップランナーであり続けたのです。

ふたりの生命力、人間としての強さには、ただただ驚くしかありません。もちろん、その陰には目に見えない努力があったのですが。

しかし、2016年2月、衝撃的なニュースが届きました。清原さんが覚せい剤所持で逮捕されたのです。

過去の栄光はすべて地に堕《お》ちました。甲子園での輝かしいシーンまで汚されたような気になりました。

事件が発覚したとき、盟友の桑田さんはこう語りました。

「僕たちふたりは高校時代から、野球からあんなに幸せをいただいたんですから、ほかの選手以上に恩返ししなければいけない使命がある」

甲子園で優勝する。

ドラフト1位でプロ野球選手になる。

プロ野球でも日本一になる。

多くの野球少年が夢見て、夢のままで終わることをすべて成し遂《と》げたふたりには、きっと本人にしかわからない苦しさや大変さがあったことでしょう。

しかし、喜びと責任はセットです。「喜びを与えられた人には恩返しをする使命がある」という桑田さんの意見にはうなずくしかありません。

私がこのニュースを聞いて思ったのは「人生は長い」ということ。そして、スポーツ選手がユニフォームを脱ぐことはあっても、人生に引退はないという事実。「その後」の生き方こそが大切なのではないかと考えました。

同時に、桑田さんや清原さんのように、ドラフト1位で指名された選手たちの「その後」はどうなっているのだろうか？　そんな問いが頭に浮かびました。

日本のプロ野球には12の球団があり、毎年ひとりずつドラフト1位が生まれます。どの選手も高校や大学、社会人野球での実績が評価されて入団する才能豊かな人ばかり。しかし、競争の激しい世界ですから、入団前の期待通りに活躍することはなかなかできません。思うような成績を残せず「期待はずれ」「契約金ドロボー」と言われ、退団する人もいます。

本書には、6人のドラフト1位選手（とひとりのドラフト2位選手）に登場していただきます。

1990年ドラフト1位で横浜大洋ホエールズに指名された水尾《みずお》嘉孝《よしたか》さん。
1999年ドラフト1位で阪神タイガースに指名された的場《まとば》寛一《かんいち》さん。
2007年ドラフト1位で北海道日本ハムファイターズに指名された多田野《ただの》数人《かずひと》投手。
2001年自由獲得枠でファイターズに入団した江尻《えじり》慎太郎《しんたろう》さん。
1994年ドラフト1位で読売ジャイアンツに指名された河原《かわはら》純一《じゅんいち》さん。

1993年ドラフト1位でタイガースに指名された藪恵壹《やぶけいいち》さん。どの選手もプロ入り前に数々の栄光をつかみ、大きな自信を胸にプロの荒波に飛び込みました。ところがある選手はケガに苦しみ、ある選手は伸び悩み……期待された成績を残せぬまま、残念ながらユニフォームを脱ぎました。

登場いただいた6人の中には10年以上プロ野球で活躍した人も、日本一になった人もいます。「期待はずれ」と言ったら失礼な選手ばかり。しかし、彼らの入団前の評判や能力を考えれば、もっといい成績を残せたはずだと私は思います。

そういう意味で、本書にあえて「期待はずれのドラフト1位」というタイトルをつけました。

しかし、彼らの野球人生はまだゲームセットを迎えてはいません。プロ野球を離れても、それぞれの場所で誰かに「恩返し」をしているのです。

もし、甲子園で活躍する高校球児を見て「どうせ自分なんか……」と思っている人がいたら、ぜひ彼らの言葉を読んでください。
勝つこともあれば負けることもあるのがスポーツです。
敗戦からも学ぶことができるのが人間のいいところだと私は思います。
はじめから最後まで何でもうまくいく人などどこにもいません。
失敗しても成功したと思っても、そこで終わりにはならないのです。
できないからといって焦《あせ》る必要もありませんし、あきらめることもありません。
何歳になっても「人生はこれから」なのです。
本書を読んで、そのことに気づいてもらえれば、これほどうれしいことはありません。

目　次

38歳から修業を始めてイタリア料理のシェフに

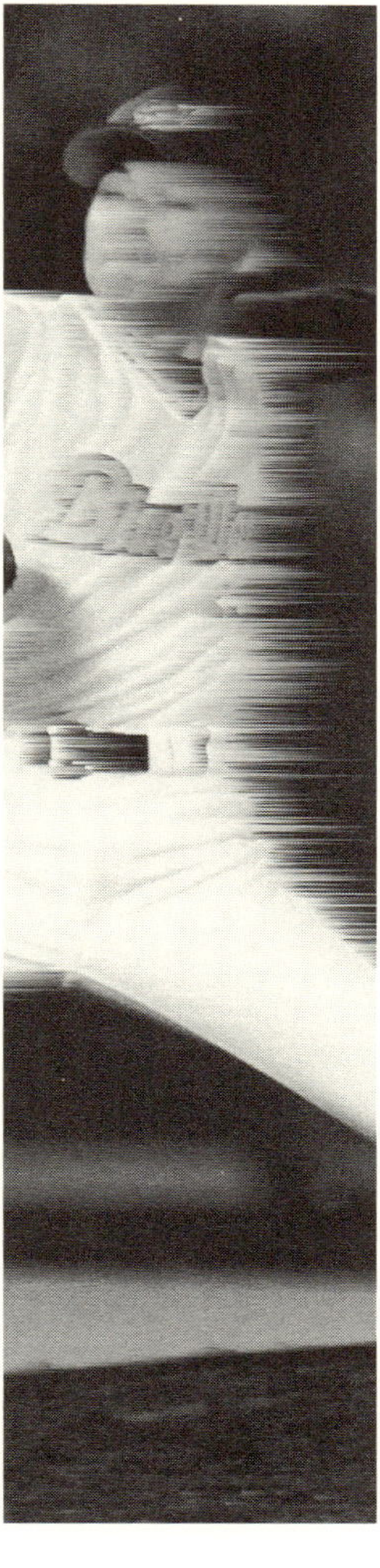

水尾嘉孝（みずお・よしたか）

1968年奈良県生まれ。明徳義塾高校→福井工業大学→横浜大洋ホエールズ→オリックス・ブルーウェーブ→西武ライオンズ→アナハイム・エンゼルス傘下のソルトレイクほかを経て、現在、自由が丘のイタリアンレストラン「トラットリア ジョカトーレ」オーナーシェフ。

もしドラフト1位指名された瞬間が人生のゴールならば、この人の人生は見事なハッピーエンディングになっていたでしょう。

22歳、大学四年生で横浜大洋ホエールズ(現横浜DeNAベイスターズ)のドラフト1位指名を受けた水尾嘉孝さんの野球人生は、プロになる前、それほど波瀾万丈《はらんばんじょう》でした。

中学卒業後、単身で高知県の明徳義塾高校に入学したところから、水尾さんのつらい戦いは始まりました。

24時間、自由がまったくない寮生活、1日で逃げ出したくなるほど厳しい練習。10代のスポーツ選手が満足できるほどの食事量ではなく、いつも空腹を抱え、体重は58キロまで落ちてしまいました。左ひじの故障に苦しみ、当時としては珍しく、高校生ながら患部にメスを入れました。

苦しくても苦しくてもそんな日々に耐えられたのは、甲子園に出るという大きな目標があったから。しかし、二年生春のセンバツは、不祥事によって出場を辞退することになりました。

最後のチャンスにかけた三年生夏の高知県大会決勝。あと1アウトをとれば甲子園出場が決まるという9回裏ツーアウト、「まさか」の出来事が水尾さんを待っていました……。

東都リーグの名門大学への進学が決まっていたにもかかわらず、ここでもアクシデントに見舞われ、野球の強豪とは言えない福井工業大学に進むことになりました。

悲劇、不運……、そんな言葉がまとわりついていました。しかし、そこから彼のシンデレラストーリーが始まります。

決して強くはない福井工大でトレーニングに打ち込むうちに左ひじも完治し、150キロ近い快速球を投げ込むサウスポーとしてプロ野球のスカウトに知られるようになりました。大学三年時には、佐々木《ささき》主浩《かづひろ》投手(東北福祉大学↓横浜大洋ホエールズ・横浜ベイスターズほか)や小宮山悟《こみやまさとる》投手(早稲田大学↓ロッテオリオンズ・千葉ロッテマリーンズほか)らとともに日米大学野球の日本代表に選ばれました。四年時にも長谷川《はせがわ》滋利《しげとし》投手(立命館大学↓オリックス・ブルーウェーブほか)、高津《たかつ》臣吾《しんご》投手(亜細亜大学↓東京ヤクルトスワローズほか)らと日本代表として戦いました。

1990年秋のドラフト（新人選手選択）会議。横浜のドラフト1位で指名された水尾さんは、「史上最高の契約金1億円」という話題に包まれた黄金ルーキーとなったのです。

ところが、水尾さんの野球人生はここで終わることはありませんでした。これまで以上に「まさか」が続くとは22歳の水尾さんは想像もしなかったでしょう。入団会見のときの水尾さんはうれしそうな、恥ずかしそうな表情で、「W」のマークのついたキャップをかぶって握りこぶしを固めていました。

ここで、水尾さんのプロ入りまでの苦難の日々を振り返りましょう。

甲子園まであと一歩。夢を打ち砕く逆転サヨナラホームラン

水尾さんが親元を遠く離れ、明徳義塾での過酷《かこく》な寮生活と厳しい練習に耐えることができたのは、ある人との約束があったから。

水尾さんの父親が日本生命に勤めていたこともあり、野球部関係の知り合いが多かったのですが、日本生命野球部の監督に勧められて明徳に行くことに決めました。そのとき監

督に、こう言われました。

「明徳はレベルが高いからエースになんかなれると思うな。補欠でもいいから、最後までやり通せ。それを約束できるか」

15歳の水尾さんは「絶対に約束します」と言って、大阪から遠く離れた高知県に飛んだのです。

しかし、修行僧のような日々。「どうしてあんな約束をしてしまったのだろう」と後悔ばかりしていました。

在校生は全員寮で暮らしています。音楽もテレビも、雑誌も漫画もありません。学校は山を切り開いた場所にあり、街からは遠く、基本的に外出は許されていませんでした。食事は口に合わず、量も少ない……当時は100人近い野球部員は半分に分けられ、バスケットコートくらいの大きさの部屋に入れられました。全員が二段ベッドで寝起きする寮生活、野球部の練習は過酷を極めました。

水尾さんは、たったひとつの約束を守るため、「甲子園に出る」という思いで耐え抜きました。そして迎えた三年生の夏の甲子園予選。県大会の決勝は名門・高知商業高校が相手でした。ライバルチームのマウンドにはのちにヤクルトスワローズで活躍する岡林洋一《おかばやしよういち》投手が立っていました。

「決勝の9回ツーアウト。私たちがリードしていて、あとひとり打ち取れば優勝です。甲子園に行けるという場面でした」

水尾さんが最後のバッターに投げ込んだボールはインコース高めに——快音を残し、打球は外野フェンスを越えていきました。逆転サヨナラホームラン。これ以上に劇的な負け方があるでしょうか。このとき、歓喜《かんき》の渦《うず》のその外で、水尾さんはこう考えていたのです。

「どうして最後にあのボールを選んでしまったんだろう」

渾身《こんしん》のストレートを打ち込まれたのならあきらめもつきます。しかし、自分で納得できなかったのは最後のボールが「なんとなく投げた球」だったからです。

「当時の私は体重が58キロくらいしかなく、ストレートのスピードは130キロくらいでした。監督にはストレートを見せ球にして、カーブで打ち取るようにと言われていました。いつも「やらされる癖《くせ》」がついていて、一番大事な場面で気持ちの入らないボールを投げてしまったのです」

いまから30年以上前、一選手が監督の意向に逆らうことなど考えられませんでした。まして や、どこよりも厳しいことで知られる明徳義塾で自分の意見を口に出すことなどできるはずがありません。

「もし少しでも監督に反抗したら、エースの座から降ろされるんじゃないか」

水尾さんはそう考えて、「言われた通りにする」ことを無意識に選んでいたのです。

「振り返ってみれば、それは自分の弱さだったと思います。だからあの場面で自分の納得するボールを投げることができなかった。自分の気持ちが入ったボールを投げていたら、もし同じようにサヨナラホームランを打たれたとしても、後悔はなかったと思います」

このときの反省が、プロに入ってから「まさか」の不運を呼ぶことになるとは本人はもちろん知るはずはありません……。

高校二年で左ひじを手術。選手生命はあと5年……

高校時代の水尾さんの武器は大きなカーブ。阪神タイガースのスカウトには「身長が1

80センチになるか、ストレートが140キロ出れば候補者リストに入れる」と言われましたが、身長も球速も伸ばすことはできませんでした。

プロ野球は遠い世界でした。

三年生が抜けてエースになる前に、水尾さんは投手人生の危機に直面しました。左ひじにメスを入れたのです。いまほどスポーツ医学がまだ発達していない30年前。利《き》き腕を手術すること自体が大きな事件でした。

「ピッチャーが体にメスを入れるなんて、考えられない時代です。執刀してくださったドクターにさえ「高校生で手術するような選手は、投げられてあと5、6年だ」とまで言われました。だから、そんなに投手寿命は長くないんだと覚悟していました」

5年を長いと考えるか、短いと考えるかはその人の性格によるでしょう。水尾さんは「うまくすれば、7、8年は投げられるだろう」と楽観的でした。

高校野球最後の試合で逆転サヨナラホームランを打たれた水尾さんは、大学野球に進もうと考えました。県大会決勝で投げ合った岡林投手が専修大学に進学することが決まっていたので、そのライバルチームでプレイすることを望みました。

しかし、ある大学への進学が内定していたにもかかわらず、直前で破談に。結局、縁もゆかりもない福井工大に入ることになりました。

「もし東京の強豪大学に進んでいたら、バッティング練習でガンガン投げさせられたかもしれません。入学前にもう一度左ひじを手術しましたから、北陸大学野球連盟の福井工大でのんびりやらせてもらって、自分にとってすごくよかったと思います」

手術後のリハビリ中はボールを握ることができませんでした。休部扱いにしてもらい、普通の大学生活を送りました。高校時代にはとても考えられなかった自由な日々を送るうちに、体重は70キロまで増えました。

野球部に戻ってピッチングを始めると、まわりの選手たちがみんな「速い！　速い！」と騒ぎたてました。「速いといっても、130キロくらいだろう」と思っていた水尾さんは、スピードガンが143キロを指すのを見て自分でも驚きました。

回り道はけっして遠回りではありませんでした。

日本代表に二度選出。契約金1億円で1位指名を受ける

その後、日米大学野球の日本代表に二度も選ばれ、さらに自信をつけました。

「日本代表として、佐々木さん、小宮山さん、酒井光次郎《さかいみつじろう》さん（近畿大学→日本ハムファイターズ）や葛西稔《かさいみのる》さん（法政大学→阪神タイガース）など、その後ドラフト1位でプロに入って1年目から活躍するピッチャーと一緒にプレイできたことが自信になりました。私はもともと変化球ピッチャーだったので、コントロールに不安はありません。変化球でカウントを整え、ストレートを見せ球にしながら、変化球で仕留めるのが自分のスタイルでした」

1990年、四年生の秋にはドラフト1位で横浜大洋ホエールズに指名されました。契約金は1億円、史上最高額（当時）での契約となったのです。

「大魔神と呼ばれる佐々木さん以上の評価だったので、重たいなと感じました。そのころは、1位の選手でだいたい6000万円、佐々木さんでさえ8000万円程度と言われていましたから。夏ごろには7000万円という声が私にも聞こえてきましたが、勝手に

まわりの人たちが騒いでいることで、自分ではピンときませんでした」

1990年秋のドラフト1位選手には、長谷川滋利投手、岡林洋一投手、小池秀郎《こいけひでお》投手(亜細亜大学。ロッテの指名を拒否)、元木《もとき》大介《だいすけ》選手(上宮高校→読売ジャイアンツ)らそうそうたる顔ぶれが並んでいます。

水尾さんが入団したころの横浜大洋ホエールズは長く優勝から遠ざかっていました(1998年に38年ぶりのリーグ優勝)。そんなチームの中で期待のドラフト1位はどんな働きを見せたのでしょうか。

水尾さんはプロ入り直前に腰を痛めていたので、それを完治させることに専念するはずでした。ところがトレーニングコーチには「お前、体が弱いらしいな」と言われ、患部にしびれがあることを伝えても、「鍛《きた》えれば治るから」と言われる始末。そのため、腰は年々悪化していきました。腰以外にも故障が続き、思うようなピッチングができませんでした。

プロ1年目の1991年は一軍登板なし。1992年は5試合に先発したものの0勝3敗に終わりました。

鳴り物入りで入団したドラフト1位はすっかり隅に追いやられてしまいました。監督の命令に背いたことで、状況はさらに悪化しました。

「故障の影響もあって思うように投げられない日々が続きました。そんなとき、監督にサイドスローにしろと言われたのです。当時の横浜は監督の意向が絶対で、逆らったら終わりでした。しかし、私はうなずくことができませんでした。ここでサイドスローにしたら、高校三年の最後の試合のように後悔すると思ったからです」

監督の指示に従ってサイドスローに変えれば、試合に出るチャンスは増えたでしょう。しかし、自分の考えを貫いたのです。いまのままで勝負できるという思いがあったからです。

水尾さんがサイドスロー転向を拒否すると「じゃあ、試合では使わないぞ」と言われました。

「試合に使われるかどうかは関係ない。ここで監督に従ったら自分の野球ではなくなってしまう」

二軍でも練習をさせてもらえません。練習メンバーからも外され、ブルペンでピッチングをすることもできなくなりました。「干《ほ》される」という状態です。水尾さんのボールを受けてくれるキャッチャーはひとりもいません。

全体練習の間はひとりでウェイトトレーニングを行い、ほかの選手が引き上げてからバッテリーコーチに「ボールを受けてください」とお願いしました。しかしはじめは「お前と一緒にいたら、上からにらまれるから嫌だ」と言われました。

それでもお願いし続けて、やっとピッチング練習に付き合ってもらえるようになったのです。

そのとき、復活のヒントとなる言葉をバッテリーコーチから聞きました。

「力任せに投げるのはやめろ。腰が痛くて脚が動かないなら、動かないなりに、どうやったらいいボールが投げられるか考えろ」

イチから、ピッチングフォームを作り直しました。水尾さんは一軍での登板機会には恵まれませんでしたが、二軍で最多勝を挙げることができました。

一軍で0勝に終わった1994年のオフ、水尾さんにトレード話が持ち上がりました。打率3割8分5厘で首位打者になったイチロー選手のいるオリックス・ブルーウェーブに移籍することになったのです。

契約金1億円で入団した期待のドラフト1位は1勝も挙げることができないまま、横浜を去ることになりました。「期待はずれ」の烙印《らくいん》を押されたまま、神戸に向かったのです。

新しい球団、新しい監督のもとで力を発揮する

1994年のプロ野球は、イチロー選手が話題を独占していました。開幕からヒットを連発し、史上初の年間200本安打を突破。最終的には210本までヒットを積み上げました。

指揮官は仰木彬《おおぎあきら》監督。選手の自主性を重んじる監督に導かれて、若手中心のチームはどんどん強くなっていきました。

そこに、横浜で1勝もできなかった水尾さんが加わったのです。関西を大地震が襲った1995年のことです。

「横浜というチームの締め付けが厳しかったせいか、オリックスの自由さに驚きました。

「なんだ？　これでもいいのか」と拍子抜けするくらい。選手が「やらされる練習」はひとつもありませんでした。選手にはみんな個性があり、ひとりひとりがやるべきことを理解している集団でした」

読売ジャイアンツの常勝時代を支えた土井正三《どいしょうぞう》監督から仰木監督に変わった1994年、パ・リーグの2位になっていました。水尾さんは新しいチームで仰木監督のその采配に驚きました。

「仰木さんから学んだことはたくさんありますが、一番大きかったのは何かが起こったあとの対処の仕方でした。内野手のエラーやピッチャーの暴投によってピンチになることがあります。いくらプロ野球選手でもミスをするもの。そんなとき、だいたいの監督は「なにやってんだ！」と激怒《げきど》します。そして、グラウンドにいる選手もベンチも、思考停止状態になるのです。コーチもみんな、指揮官の怒りが収まるのを待つ。すべてが止まってしまうから、次の一手が遅れてしまうのです」

しかし、名将と呼ばれる仰木監督はそうではありませんでした。

「ことが起こった瞬間に、すぐに手を打ちます。相手よりも先に指示を出して、選手たちを動かしていました。一呼吸置いてから、ひとりで怒る(笑)。仰木さんは反応ではなく、対応をしていました」

仰木さんは感情をいったん脇に置いて、次の一手を考える。どんなに優れた指揮官でも大きなミスが出たときにはなかなか冷静でいることはできません。だから、多くの監督がベンチで叫んだり、椅子を蹴《け》りあげたりするのでしょう。

「監督が怒ると選手は畏縮します。仰木さんは怒っていることを悟られないように、知らん顔をしていました。だから、選手はベンチに気をとられることなく、プレイに集中できました。仰木さんを見てから私は、想定外のミスが起こったときには「対応しよう」といつも心がけています」

選手たちは常に不安と戦っています。

相手に打たれたらどうしよう。

自分のボールで抑えられるのだろうか、と。

それに「いつ交代させられるのだろう」「監督がすごく怒ってるぞ」という雑念が加われば、いいピッチングができるはずがありません。

オリックスに移籍した 1995 年に、初勝利を挙げた　©時事

仰木さんの指導方法が性にあっていたのでしょう。水尾さんは移籍1年目の1995年にプロ初勝利を挙げました。1997年にはセットアッパーとして68試合に登板し、1勝2敗2セーブ、防御率2・26の好成績を収めました。1998年は55試合に登板し、3勝0敗、防御率1・89。その実力を発揮し始めました。

「仰木さんのおかげだと思います。ベンチに入っている選手全員を戦力と考え、チャンスを与えようとする監督はほかにいません。二軍から上がってきたばかりの選手をスターティングメンバーで起用するのは勇気がいることだと思います。でも、それをスパッとやるのが仰木さんでした」

指揮官と選手という関係でじっくりと話をすることはありませんでしたが、水尾さんにとって最高の監督でした。

二度目の戦力外通告。最後はアメリカで勝負する

9試合の登板に終わった2000年オフに水尾さんは戦力外通告を受け、西武ライオン

ズに移籍しました。

「東尾修《ひがしおおさむ》監督に拾ってもらう形で西武のユニフォームを着ましたが、勝利最優先のチームだったのでやりやすかったですね。全員で勝利を目指すチームでした。ただ私は、腰痛を抱えながらだましだまし投げていたために、首にしびれが出るようになっていました」

移籍1年目の2001年に48試合登板(2勝1敗、防御率3・99)、2002年には35試合登板(0勝0敗、防御率1・80)を果たしました。しかし、2003年は2試合しか登板できず、二度目の解雇《かいこ》を通告されました。

かつてのドラフト1位は35歳になっていました。何度も手術した左ひじ、持病の腰痛、腰痛からくる首のしびれ……引退を考えてもおかしくありません。しかし、水尾さんは投げることをやめませんでした。

「2003年シーズンの最後のころ、きちんと投げられるようになっていたので、「まだまだできる」と思い、いくつかの球団の入団テストを受けました。しかし、「いいボールを投げてるな」と言われたあと「何歳になった?」という話になりました。結局、日本には採用してくれるところがなく……アメリカに渡ることを決意しました」

プロ野球に入ってから、水尾さんは自分でひとつのルールを決めていました。それは、「現役を引退したら絶対に野球界から離れること」。だからこそ、最後まで野球をやり切ろうと考えたのです。

高校時代に「あと5、6年」とドクターに宣告された水尾さんの意地でも、ドラフト1位のプライドでもありました。

「プロに入ってから数年して、選手としてプレイできなくなったら別の世界に進むことを心に決めました。コーチやスカウト、裏方として球団に残りたいがために、自分を偽るような人をたくさん見てきましたから。アメリカでダメなら納得がいくと思ったのです」

1995年に野茂英雄《のもひでお》投手がロサンゼルス・ドジャースでデビューしたあと、1997年に長谷川滋利投手がアナハイム・エンゼルス(現ロサンゼルス・エンゼルス・オブ・アナハイム)に、伊良部秀輝《いらぶひでき》投手がニューヨーク・ヤンキースに移籍を果たしました。その後、佐々木主浩投手(2000年、シアトル・マリナーズに)、イチロー選手(2001年、シアトル・マリナーズに)、松井秀喜《まついひでき》選手(2003年、ニューヨーク・ヤンキースに)など日本を代表する選手が次々と海を渡りました。

どの選手もふたケタ勝利をマークしたり、タイトルを獲得したりした実力者ばかり。日本で通算7勝しか挙げることができなかった35歳のサウスポーのメジャー入りは困難を極めました。

ピンチはチャンス。何でも食らいつく

「アメリカでの最初の3カ月は、観光ビザでトレーニングをしていました。知人をたよって球団にコンタクトをとってもらい、ビザが切れる直前になんとかトライアウト（入団テスト）にこぎつけました。これが最後のチャンスだと思いました」

早朝8時30分にトライアウトは始まる予定でした。1時間前にグラウンドに到着し、ウォーミングアップをしてキャッチボールをしたらすぐにテストがスタートしてしまいました。まだ十分に肩は温まっていません。

ブルペンにはコーチ陣が揃《そろ》っていました。キャッチャーもホームベースの後ろに座り、ミットを構えています。水尾さんは「もう少し時間をくれ」と思っていましたが、聞き入

れてくれる雰囲気はありません。

最後のチャンスに全力で臨むはずが、投げやりな気持ちでピッチングを始めました。1球、2球、3球……10球も投げ終わらないうちに、ピッチングコーチらしき人物が近づいてきて、ボールを取られてしまいました。

「ああ、終わったな……」

そう思っても、やっぱりあきらめきれません。水尾さんはボールを奪い返して、3球くらい投げましたが、すぐに強制終了させられてしまいました。

ブルペンを囲む人たちは大爆笑していましたが、なぜ笑われているのかわかりませんでした。

「あとで聞いてみると、最初の段階でもう合格になっていたそうです。それなのに、私がもっと投げさせろとアピールしていたのがおかしかったみたい。球団としては、私のコンディションが悪いことを考慮したうえで、「本当に飛び込んでくる気はあるのか」を確かめたのでしょう。チャンスはどこにあるかわからないと強く思いました。私は「準備がまだできていないのに……」「本調子じゃないのに……」と勝手にピンチだと思いこんでいましたが、終わってみれば、これ以上のチャンスはなかったのです。このときから、ピンチはチャンスかもしれない。だから、いつも全力でやろうと考えるようになりました」

こうして、アナハイム・エンゼルスの入団テストに合格、メジャー契約を結び、エンゼルスの下部組織(AAA)のソルトレイクで開幕を迎えました。ここで体調を整え、メジャー昇格を待つばかりというところでまた「まさか」に襲われました。

「アメリカで野球をすることは本当に楽しかった。唯一の誤算はソルトレイクの標高が高かったこと(1288メートル)。遠征先の敵地ではいいピッチングをするのですが、本拠地では体調が悪くて思うように動けません。ソルトレイクの空港に着いた瞬間に、空気が体の中に全然入ってこないのです。まさかそれが高山病の症状だなんてことも知りませんでした。AAのアーカンソー州リトルロックにあるトラベラーズに移してもらいましたが、最後まで力を出すことはできませんでした」

水尾さんはメジャーリーグに昇格することができず、2006年2月に引退しました。最終的には、左ひじの手術を7回もしました。腰痛、首痛、手のしびれ……。もう満足するボールを投げることはできませんでした。

「アメリカで野球をしてわかったのは、ピッチャーは勝負するためにマウンドに立つということ。バッターとの勝負を避けてアウトを取ったとしても、アメリカのピッチャーはそこに意味を感じないのです。ここが日本との決定的な違いです」

日々摂生を続けることですごい選手と勝負できる

アメリカでの学びはほかにもありました。

「アメリカの選手は大ざっぱかなと思っていたのですが、意識は高かった。食事にもものすごく気を配ります。私は手術をしたときに、徹底的に体を鍛《きた》えてやろうと思って、食べ物から変えました。油っこいものは口にせず、基本的に鶏のささみ、豆腐、大豆、白身魚を食べるようにしました。高カロリーのものや炭水化物を避け、朝を中心に1日に必要なたんぱく質を5、6回に分けて摂《と》るようにしたのです。それ以来、引退するまでの7年ほどはそんな食生活をしましたが、アメリカにも同じ考えの選手がいて、驚きました。肉ばかり食べていると思っていたので(笑)」

メジャーリーグで煙草を吸っている選手はほとんどいません。お酒もたしなむ程度。彼らは、「好きなことは引退してからやればいい」と考えているのです。

「日本でもアメリカでも、すごい選手はすごい。能力だけを比べたらとても勝負にはなりません。でも、どれだけいい選手でも、いつもベストコンディションをキープできるわけではありません。自分の感覚だけでプレイしている選手は、いいときと悪いときの差がすごくある。100のときもあれば、50ぐらいのときも。100の力を出されたら私は絶対に勝てませんが、彼らの力が50に落ちるとき、私が80を続けられていれば、十分に戦うことができるんじゃないかと考えました。いつも80をキープするために、摂生《せっせい》しようと思いました。

私は体も小さく、故障も多い選手でしたが、日々摂生することでなんとか対抗できるかもしれないと考えていました。食事もそう、トレーニングもそう。自分でできるだけのことはすべてやったと思い、ユニフォームを脱ぐことを決めました」

史上最高の契約金1億円のドラフト1位は静かに野球の世界から姿を消したのです。

38歳からのシェフ修業。目標があれば迷わない

選手を引退したら野球とは関わらない。

これは水尾さんがずっと昔から決めていたルールだとさきほど書きました。

「私は野球の世界に15年間いたのですが、かつての仲間がユニフォームを脱いで違う世界で働くのを見て、自分が遅れをとっているように感じていました。そこで選んだのが料理の世界です」

いっぱしの料理人になるには10年かかると言われています。この決意を固めたとき、水尾さんは38歳。遅すぎるルーキーです。

「48歳になったときに一人前になっていればいいと考えました。下積みを経験しないことにはうまくいくはずがないと思っていたので、時間をかけてじっくり覚えようと覚悟を決めました」

料理人修業の最初は皿洗いでした。料理人の世界は厳しい。それでも水尾さんは頭を下げて修業をさせてもらうことにしました。

「18、19歳の人なら「遊びたい」「この道でいいのか」という迷いもあるでしょうが、私にはもう選択肢はありません。言われたことは全部「はい」と聞きました。

「料理の世界は簡単じゃない」「プロ野球の世界とは違うんだぞ」

そんなふうにも言われましたが、実際に経験してみてプロ野球のほうが肉体的にははるかにきつい。10時間ずっと立ちっぱなしでもつらくはありませんでした。何時間も走り続けるほうが大変でした(笑)」

野球と料理の世界では何もかも違います。しかし、これまで学んだことが新しい世界でも役に立ったのです。

「仰木さんのやり方を見ていたので、仰木さんならこうするだろう、上の人はこう考えるのかなと予想して動きました。学ぶときに大切なのは、謙虚《けんきょ》になること。そして、しっかりまわりを見ること。「僕、やってます!」はいりません」

楽しいのは過去ではなく、絶対に未来

水尾さんはイタリア料理のシェフになるために、洋食屋で皿洗いのアルバイトをさせてもらいました。1年間、ずっと皿洗いだけという約束だったのですが、半年が経ったころには「この料理を作りたい」「料理が作れないのは悔しいなあ」と考えるようになりました。そんなある日、料理長に「まかない(従業員のための食事)を作ってみろ」と言われたのです。

「そのときはもう、うれしくて、楽しくて」

半年間ずっと皿洗いに没頭したからこそ、料理を作る喜びを感じることができたのです。

「料理は、本当に好きな人でなければできない仕事だと思います。火を通しさえすれば、それなりのものはできますが、本当においしいものを作ろうと思えば、手間がどんどん増えていきます。何回も何回も裏漉《うらご》ししてやっと「これだ!」と思えるものができるのです。もしかしたら、食べている人は気づかないかもしれませんが、手抜きしたかどうか、やるべきことをすべてやったかどうかは本人が一番わかります」

おいしい料理を作りたい、料理が好きだという思いがなければ、料理人としてはやっていけないと水尾さんは言います。

「もし私がプロ野球の世界で故障もせず苦労もせずに活躍できていたら、いまのような心境になっていないでしょう。手術したり、リハビリで苦しんだりした経験があるから、よかったのだと思います」

水尾さんは現在、東京・自由が丘でイタリアンレストラン「トラットリア ジョカトーレ」を開き、オーナーシェフとして料理を作り続けています。

「いまはこのお店に来ていただくお客さまに満足していただくことで必死です。もし少しでも余裕ができたら、料理を勉強するためにここを誰かに任せて、どこかに1日修業に行きたい。レシピや料理の仕方を教えてもらわなくても、横で見ているだけで何かを盗めますから。店を経営するオーナーシェフとして考えたら、1店舗だけでは効率が悪いので、いずれは、もっとたくさんのお店を展開できればと思っています」

38歳でユニフォームを脱いだ水尾さんは48歳になりました。

「引退したら野球の世界から離れようと決めていたのは、「昔はよかった」と思いたくなかったから。私が関心のあるのは明日のことです。楽しいのは過去ではなく、絶対に未来です。何でも、自分の力で変えられる可能性があるから。明日を変えるためには、知識も技術も経験も身につけなければなりません」

料理の世界に入ってまだ10年。料理人としてのゴールはまだまだ見えません。

「きっと隠居《いんきょ》することなどないと思います。何歳になっても、ずっと社会と関わっていきたい。技術を身につけてそれを若い人に教えたいと考えています。いままでに何をやったかはもちろん重要ですが、大切なのはこれから何をするか。だから、話をするときには、「これからはどうするか」と未来形でと決めています。昔話は、私には必要ありません。自分が知らないことに対しては、誰だって謙虚になるものだと思います」

「できるかどうか」より「何を学ぶか」

水尾さんは料理人になってから、自分でも驚いていることがあります。

それは、「できるかどうか」と考えないこと。

プロ野球選手のころは「このバッターを抑えられるかどうか」「自分の力でできるかどうか」ばかり考えていましたが、いまは一生懸命に学ぶことしか考えていません。

「野球がうまくなる方法は何通りもあります。必死にトレーニングをして、体を鍛えて、筋力をつけたら、バットは軽く感じます。しかし、料理の世界は、おいしいものを何皿食べればいいというところではありません。小さいことの積み重ねをずっと続けるしかない。私の場合、現役時代に、油モノを控える食事を徹底したことで味に対して敏感になったのがよかったと思います。味覚が研《と》ぎ澄まされたのかもしれません。もし、毎日焼肉ばかりの食事を続けていたらどうなっていたのかなと思います。現役時代の経験がいま、生きています」

水尾さんが料理人になって驚いたのは、使用する油の量が多いこと。

「私は必要以上に油を使うのが嫌なのです。煮込んでいるときに油が浮いてきたら全部取ります。その分、手間はかかりますが、そうしないではいられない(笑)。満腹になると味見するときにピンとこなくなりますから、お腹いっぱい食べることが怖い。だからいつも、腹八分目、腹六分目のところでやめてしまいます」

水尾さんにはもうひとつ大事なルールがあります。

「同じ失敗を二度はしないこと。私の人生は失敗だらけでしたけど、これだけは決めています。自分では賢くないとわかっていますが、バカにはなりたくない。バカは同じ失敗を何度も繰り返しますから。私はスタートが遅かったので、そこに気をつけて、やるしかありません」

振り返れば、水尾さんの野球人生にはいくつもの「たら・れば」がありました。

もし、甲子園出場のかかった試合でサヨナラホームランを打たれなかったならば……。

もし横浜時代、サイドスロー転向を断らなかったならば……。

もし何度も左ひじを手術しなかったならば……。

プロ野球での通算成績は、269試合に登板し、7勝9敗2セーブ、防御率3・42。ドラフト1位にふさわしい成績を残せたとは言えません。

それでも、水尾さんに後悔はありません。

傷だらけのドラフト1位

的場寛一（まとば・かんいち）

1977年兵庫県生まれ。弥富高校→九州共立大学→阪神タイガース→トヨタ自動車を経て、現在、株式会社ドーム営業本部リテール部エリアマネージャー。

12球団あるプロ野球には毎年、12人のドラフト1位が生まれます。

どの球団もその年のアマチュア選手の中で最高の人材を厳選して指名するのです。もちろん、指名が重なれば抽選によって運命が決まることもあります。高校時代に無名だった選手が名門球団に指名されることも、甲子園のスターがあまり人気のないチームに入ることも。

的場寛一さんは阪神タイガースに指名されるまで、野球ファンによく知られた存在ではありませんでした。弥富高校(現愛知黎明高校、愛知県)時代に甲子園出場経験はなし。その後、九州共立大学に進んだため、関西や関東のファンがプレイを見ることはほとんどありませんでした。

ところが、1999年秋のドラフト会議が近づくにつれて、「的場寛一」の名前がスポーツ新聞に毎日のように載りました。それは、阪神タイガースという人気球団が彼をドラフト1位で指名することが濃厚になったからです。

逆指名した阪神に1位指名されプロ入りした的場さんは、同じチームにいるライバルとの争いに加え、ドラフト1位の重圧と戦うことを強いられました。1年目から活躍して当たり前、「どれだけすごい選手なんだろう」というファンの視線と対峙《たいじ》することになったのです。

「私が入団したときのプレッシャーは相当なものがありました。ドラフト会議の前から新聞やテレビで報道してもらったので、ハードルは上がり切っていました。それまで騒がれた経験がなかったので力が入り、キャンプ前から飛ばしすぎてしまいました。阪神にいた6年間はケガばかり。「今度こそ！」と思ったらケガでチャンスをフイにする、そんなプロ生活でした。無事是名馬《ぶじこれめいば》という言葉がありますが、本当にその通りだと思います」

熱烈な阪神ファンの将来の夢は社会人野球

的場さんは1977年に、阪神のおひざ元である兵庫県尼崎市に生まれました。テレビをつけたら阪神の試合がいつも流れていますし、まわりを見回しても阪神ファンしかいませんでした。

阪神が長い長い低迷期を抜けて21年ぶりのリーグ優勝を果たし、初めて日本一になったのは1985年。的場さんが小学二年生のときでした。

「担任の先生も阪神ファンで、日本シリーズのときには授業をやめて、みんなでテレビを見たのを憶えています。もちろん、私も熱狂的な阪神ファンで、いつも阪神のユニフォームパジャマを着て寝ていたくらい。でも、少し冷めていて、自分はプロ野球選手にはなれないだろうと思っていました。将来の夢は大阪ガスに入って社会人野球でプレイすることでした」

少年時代、毎日練習に明け暮れた的場さんは野球の上手な仲間と出会い、もっと高いレベルで戦いたいと考えるようになりました。ただ、プロ野球選手になろうともなれるとも思っていませんでした。

「甲子園を狙える大阪の強豪高校から誘ってもらったのですが、あまり厳しくないところに行きたいと思って、お断りしました。「絶対に甲子園に出たい」という感じではありませんでした。

金城孝夫監督（1999年に沖縄尚学高校を率いてセンバツ優勝）が弥富高校で監督をされていて、熱心に誘っていただき、愛知に行くことになりました。それでも、自分の力を冷静に判断していて、「自分はプロを目指すような選手ではない」と思っていました。いま考えると、マイナス思考ですよね。惜しいところまで行ったのですが、甲子園には届きませんでした」

高校3年間のすべてを野球に注いだ的場さんには、後悔も野望もありませんでした。美容師になろうと考え、専門学校の資料を集めたくらいでした。

「野球をやり切ったと思ったわけではありませんが、野球はもういいかなと考えたのは事実です。両親にそう言うと、まだ続けられるのならそうしてほしいという返事でした。九州共立大学からお誘いいただいたので、金城監督の強い勧めもあって九州に行くことに決めました。関西に戻りたいという気持ちもありましたが、もし地元にいたら遊びほうけていたでしょう。誰も知る人のいない九州に行ったことで道が開けたような気がします」

目指すものがわかって課題が明確に

的場さんが入学した九州共立大学野球部には、柴原洋《しばはらひろし》さん（元福岡ソフトバンクホークス）をはじめ、その後プロ野球でプレイするような実力のある選手がたくさんいました。

「チームは自発的に練習しなさいという方針で、私は一年生の春から試合に出るチャンスをいただきました。初体験の木のバットに戸惑いながら練習していました。柴原さんが四年生にいて「こんな人がプロに行くんだろうな」と思いながら。自分とはあまりにも差がありすぎたので、「俺も！」とは思えませんでしたが、基準はできました。プロに行きたいなら、柴原さんのレベルまで行かないといけないと」

両親の希望に沿う形で野球を続けた的場さんが自分で設定した基準でした。初めて大きな目標ができたと言ってもいいのかもしれません。

「大学でスイッチが入りましたね。自分が目指すものが見つかって、それに向かって何をすべきか、どんな準備をしなければならないかと考えるようになりました」

野球人生を変えるノートをつけるようになったのはこのころです。

「アマチュア野球で活躍された方とお話ししているときに、「お前は何になりたいの?」と聞かれ、「プロ野球選手になりたいです」と初めて口にしました。それまではマイナス思考で、「自分にはどうせ無理」と思っていたのですが。その方に勧められて、ノートをつけるようになりました」

まず自分のゴールを決め、次にゴールにたどりつくために何をするべきかを書き出しました。

・首位打者になりたい。
・ベストナインを取りたい。
・日本代表に選ばれたい。

的場さんは思いつくことをすべて書きました。そこには、目標と、乗り越えるべき壁、解消すべき課題がずらりと並んでいました。

次の日から、それらをひとつずつクリアするために練習に励みました。課題が明確になり、やるべきことがはっきりしました。

目標をノートに書くことで行動が変わった

九州共立大学は1996年の全日本大学野球選手権大会で準優勝。的場さんは1998年春にリーグの首位打者を獲得し、その年に行われたIBAFワールドカップ日本代表に選出されました。1999年秋の明治神宮大会で九州共立大学が優勝を果たし、的場さんは優秀選手に選ばれたのです。

「やりたいことをすべて実現することができました。あとからノートを見返してみて、自分でも「すごい!」と驚きました。もしあのノートがなければ、あれほどの成績を残すことはできなかったでしょうし、プロ野球選手にもなれなかったでしょう。昔からきっと、自分の心の奥底にはプロ野球選手になりたいという思いはあったはずです。それをしっかり口にして、目標を書くことで、行動がすべて変わりました」

1999年、プロアマ交流の一環で中日ドラゴンズの春季キャンプに参加しました。的場さんはこのとき初めてプロ野球に触れたのです。

「プロのスター選手と一緒に練習させてもらって、すごく自信になりました。星野《ほしの》仙一《せんいち》

1999 年の明治神宮大会で九州共立大学を優勝に導いた
©時事

さんが監督で、同じ学年の福留孝介《ふくどめこうすけ》とショートのポジションでノックを受けました。守備に関しては「やれる」と思いました。しかし、一軍半の選手でさえバッティングの力強さが全然違ったので、相当な努力が必要だろうと覚悟しました。このときに感じたのは、プロ野球選手には、技術はもちろん、練習に耐えられる体力が必要だということ。本当に体が強い選手が1億円もの年俸を稼ぐんだなと」

１９９９年秋のドラフト会議では、逆指名制度が採用されていました。大学・社会人野球に所属する選手で、1球団2名までの対象選手が自分の希望球団を宣言することができる制度です。的場さんは、阪神、中日、西武ライオンズ、大阪近鉄バファローズ(現オリックス・バファローズ)の中から、阪神を選びました。

「中日の星野仙一監督からも直々《じきじき》にお誘いいただきましたが、悩んだ末に阪神に決めました。担当スカウトの永尾《ながお》泰憲《やすのり》さんの熱意に応えたいと思ったからです。春先には阪神にお世話になろうと決めていました」

練習から注目されるプレッシャーで平常心を失った

1985年に21年ぶりのリーグ優勝を飾って以降、阪神はまた低迷期に入っていました。1990年代になって、1992年の2位以外はずっとBクラス(4~6位)。あまりにひどい状況で、名将・野村克也《のむらかつや》監督が指揮官として乗り込んできました。的場さんは名門復活が期待されるシーズンのドラフト1位ですから、注目されるのは当然です。そう覚悟はしていても、マスコミの目は的場さんにとって大きなプレッシャーになりました。

「キャンプ初日のバッティング練習のときのことは忘れられません。報道陣がバッティングケージの後ろにずらっと並んで、私にカメラを向けています。一球ごとにシャッターが切られるのですが、その「カシャッ、カシャッ」という音が重なって、すごい重圧を感じました。たかがバッティング練習で、これほどまで注目されるとは思いませんでした。とても普段通り、平常心ではいられません。もともと大観衆の中でのプレイ経験が多いほうではありませんが、あの重圧は異常でした」

シーズン前の春季キャンプは新戦力の見本市という意味合いもあります。スポーツ新聞は新人の長所をファンに伝えるという使命を持っているので、ドラフト1位の一挙手一投足《いっきょしゅいっとうそく》に注目し続けます。これは人気球団の宿命でしょう。

「カメラにずっと追いかけられながら、練習を続けていました。朝から晩まで練習して、練習後に監督の講義を2、3時間聞いてから寝る。その繰り返しでした」

野村監督の講義は、プロとしての心構えから生き方に関すること、ピッチャーとバッターの駆け引きや心理分析まで多岐にわたりました。練習で疲れ切っていた的場さんは目を開けて聞いているのがやっと。講義のありがたさに気づくのはもっと先のことです。

「当時、野村さんの話を100パーセント理解することはできませんでしたが、30歳を過ぎてアマチュアに戻ってから「なるほど」と思ったことがありました。もっと早く気づいていれば、私の野球人生も違ったものになったかもしれません。一流の選手は体幹が強くて、プレイも力強かった。その差を埋めたいと思って日々トレーニングをしていたのですが……」

2000年4月11日に一軍デビューを果たしたものの、左ひざを痛め、プロ1年目はわずか11試合の出場に終わりました。放ったヒットはたった5本だけ。

ケガ→リハビリ→復帰→ケガの繰り返し

シーズン途中、左ひざに痛みが走りました。診察の結果、膝蓋靭帯《しつがいじんたい》というひざの皿の上にある靭帯が半分機能していないことがわかりました。

「痛みを我慢しながらプレイを続けていたのですが、ある日突然、左ひざにまったく力が入らなくなりました。想像以上に悪い状態だったので、シーズンオフに手術をしました。1年目にいい成績を残せませんでしたが、監督やコーチの評価は高かったようです」

次のシーズンを見据えての手術でした。リハビリ中、トレーナーに「焦《あせ》るな」と言われても、どうしても焦りが出ます。

「時間がないと、私ひとりで焦っていました。10回と回数が決められているトレーニングを20回も30回もやって、トレーナーとケンカになりました。「僕の生活、守ってくれるんですか？」と噛《か》みついたこともあります」

注目度の高い選手には、ずっと記者が追いかけてきます。的場さんの周囲にも何人もの記者がついて回り、批判記事も書かれました。

「それまで経験がありませんでしたから、精神的に参ってしまいました。記者だけでなく、人に会いたくなくて、寮の自分の部屋に閉じこもっていました。チームメイトとも顔を合わせたくない時期もありました」

2年目のシーズン。苦しいリハビリに耐えて戦列に復帰したのですが、また左ひざを痛めてしまいました。手術した箇所が治りきっておらず、走れなくなったのです。2年目のオフに靭帯の移植手術を受け、リハビリ生活に逆戻りしました。リハビリ期間は1年を超えました。

「この時期ですね。野球が嫌いになったのは。このあともずっと、ケガ↓リハビリ↓復帰↓ケガの繰り返しだったような気がします。アマチュアのころは多少痛いところがあってもプレイできていたのですが、プロでは通用しませんでした」

動かせない左脚以外を鍛《きた》えればいいと頭では思っても、心が動きません。寮にはスランプに悩む選手たちがいましたが、彼らを的場さんはうらやましく思っていました。野球をしている選手たちの姿がまぶしくて仕方ありません。

リハビリ期間には、時間はいくらでもありました。的場さんは文献を調べ、故障した箇所に詳しくなりました。他人任せにせず、本当に効果のある方法を模索したのです。早くよくなりたいという一心でした。

「同じトレーニングでも、言われた通りにやるのと自分で理解してするのとでは全然違います。初めて体の仕組みを知りました。リハビリに専念した1年間で精神面ではかなり図太くなりました。それまでは誰かのひと言で凹《へこ》むこともあったのですが、何を言われても平気。「好きに言わせとけ」と思って。でも、間違いなく、あのころがどん底でしたね」

高校でも大学でも一年生からレギュラーとして試合に出ていた的場さんを成長させたのは、野球ができない苦しさだったのです。

2003年は星野監督に率いられた猛虎軍団が18年ぶりのリーグ優勝を飾りましたが、的場さんの出場機会は0。心から喜ぶことはできませんでした。

今度は右肩を脱臼……またチャンスが消えた

少しずつひざの状態がよくなり、野球ができる体になるにつれ、精神面も安定してきました。外野手へコンバートされたのはこの年です。２００４年、新しく指揮官になった岡《おか》田《だ》彰布《あきのぶ》監督に目をかけてもらい、これからというときに、またケガが的場さんからチャンスを奪いました。

「やっと野球で飯が食えるぞと思ったときに、今度は肩を脱臼《だっきゅう》してしまいました。ランナーとして塁上にいて、ベースに戻るときに手をついて脱臼……雨でぬかるんでいて足を滑らせた形になりましたが、これは防げるケガでした。まだオープン戦でしたから、ミスの分はあとで取り返せたはずなのですが。頭と体がずれたままで動くと、ケガにつながってしまうんですよね。でも、悪いのはすべて自分。不運だと思いましたが、すぐに「しっかり治して二軍からやり直しや」と考えました」

かつてのダメ虎は生まれ変わっていました。勝ち方を身につけたチームに的場さんの居場所はありません。

「それまでとは全然違うチームになっていました。ベンチには強いチームのオーラみたいなものがあって、私もなんとか一緒に乗っていきたいと思っていた矢先のケガでした」

２００４年の出場は2試合だけ。岡田監督の指揮のもと2年ぶりのリーグ優勝を果たした２００５年、的場さんは一軍で一度も試合に出場することができませんでした。

そのシーズンが終わるころ、的場さんは戦力外を通告されました。

阪神での６年間で出場したのはわずか24試合。記録したヒットは７本。ドラフト１位選手としては寂しすぎる数字でした。

「ついに来たか、という感じ。肩を脱臼したことで満足にボールを投げられない状態でした。６年間を振り返ると、ほとんど一軍でプレイできず、入団前に描いたものとはまったく違いました。こんなはずでは……という気持ちもあったのですが、これでドラフト１位、プロ野球選手という肩書を外すことができるとホッとした自分もいました。本当に重いものを背負っていたのですね。もちろん、「野球をやり切った」とは思えませんでした」

大学時代に「プロ野球選手になるためのノート」を作った的場さんは、「宮本慎也《みやもとしんや》さんみたいな選手になりたい」とことあるごとに口にしていたものの、プロで明確な目標を設定することができませんでした。ノートも作りませんでした。

「小さな目標は作っていたのですが、プロ野球がどんな世界かわからないし、毎日毎日が手探りだったので……。そのとき、そのときの流れに身を任せてしまいました」

ドラフト1位のプライドを捨て社会人野球へ

戦力外通告を受けた的場さんは満身創痍《まんしんそうい》でした。6年間のプロ生活で体はボロボロになっていたのです。その状態を知る他球団から入団の誘いが来ることはとても考えられませんでした。

「右肩を2回脱臼したのですが、最初は半年後に投げられるようになりました。2回目はもう半分あきらめていました。肩の関節唇《かんせつしん》がめくれていて、うまく回らない状態……もし体調が万全ならば、ほかの球団でもう一度と考えたはずです。しかし、ボールも投げられないのだからどうにもしようがありません」

それでも、そのままユニフォームを脱ぐ気持ちにはなれず、12球団合同のトライアウト

（入団テスト）を受けました。しかし、他球団から連絡はありませんでした。「さて、仕事はどうしようか」と考えているところに、社会人野球の強豪・トヨタ自動車から「野球をする気はありますか」と電話がかかってきたのです。

「トライアウトの場にトヨタ自動車の方もいて、プレイを評価してもらったようです。トライアウトに出てよかったなと思いました。自分で好プレイ集みたいな動画を編集して、送りました。すぐに面接があって、私の肩の状態を理解してもらったうえで、採用していただくことになりました。また野球ができることはうれしかったですね」

トヨタ自動車は、古田敦也《ふるたあつや》さん（元東京ヤクルトスワローズ）や高橋建《たかはしけん》さん（元広島東洋カープ）、金子千尋《かねこちひろ》投手（オリックス・バファローズ）を輩出した社会人野球の強豪です。

「プロではありませんが、アマチュアの最高レベルのチームのひとつでした。社会人だからといって下に見ることはまったくありませんでした。これまでの失敗を繰り返さないように、強い気持ちを持って入っていきました」

ドラフト１位のプライドは新しい場所では何の意味も持ちません。選手のほとんどは的場さんよりも年下でした。

「私が元プロ野球選手ということで、チームメイトは身構えるところがあったと思います。でもチームに早くなじまないことには活躍することはできません。だから、自分から話しかけ、コミュニケーションをとることを心がけました。同じ野球選手ですから、溶け込むまでにはあまり時間はかかりませんでした」

初心に戻って「レギュラーになるためのノート」を作る

元プロ野球選手といえども、レギュラーが確約されているわけではありません。どんな立派な肩書があっても、実力がなければ試合に出られないことは的場さんが一番理解していました。

「まずはどうやって結果を残すか、自分の力をアピールするかを考えました。そこで大学時代を思い出して、ノートを作りました。気をつけたのは、いつも謙虚でいること。若い選手に対しても丁寧に接するようにしました。

結果はコントロールできませんが、野球に取り組む姿勢は自分で作ることができます。

バッティング練習でもそれ以外の練習でも、ひとつひとつのプレイを全力でやろうと思いました。ノックのときには大きな声を出して、高校球児みたいに泥臭く。フライを打ち上げても一塁まで全力で走りました」

もともと実力のあった的場さんは、すぐにレギュラーを奪いました。しかし、問題はコンディション。またケガをするわけにはいきません。

「これまで散々、故障やケガで苦しんできましたから、同じ失敗はしないように普段から心がけていました。トレーニングを怠《おこた》らず、準備に時間をかけました」

社会人野球は企業の名誉を背負ってプレイします。ヒット１本がいくらのプロ野球とはまた違う種類の厳しさがありました。

「会社が野球チームを持っているのは、宣伝のためではありません。働く人の帰属意識、一体感を育てるためです。私たちは従業員やその家族の期待を背負って戦っていました。だから、勝つことにすごく貪欲《どんよく》なチームでした。選手たちは、私がプロ野球でやっていたことや野村さんのデータ野球に関心を持っていて、どんどん聞いてくれました。プロでの経験、うまくいったことや失敗したことも含めて、すべてを伝えました」

2007年、トヨタ自動車は都市対抗野球大会でベスト8入り、秋の日本選手権で初優勝を飾りました。2008年には日本選手権2連覇を達成しました。2009年の都市対抗では準優勝、的場さんは打率5割で大会優秀選手に選ばれました。

トヨタ自動車の快進撃は続きます。2010年の日本選手権でも優勝、的場さんは打撃賞と大会優秀選手に。年間での活躍が評価され、社会人ベストナインも受賞しました。2011年に行われたIBAFワールドカップの日本代表にも選出されました。的場さんは社会人野球で、完全復活を遂げたのです。

「まさか、日本代表に選ばれるとは思ってもみませんでした。一塁手にはミスター社会人野球と呼ばれる西郷泰之《さいごうやすゆき》さん(Honda)がいましたから。私は34歳になっていましたので、また日本代表のユニフォームを着られることが純粋にうれしかったですね」

その後、2012年のシーズンで現役を引退。社業に専念することになりました。

「故障とケガで満足にプレイできなかった阪神での6年間、その反省を生かしていい成績を残せたトヨタ自動車での7年間。アマチュアで野球人生を終わらせることができて幸せでした。ユニフォームを脱ぐときには、もうお腹いっぱい。完全にやり切りました。

社会人の大会の結果を見て、阪神の選手が連絡してくれたこともありました。日本代表に選ばれたときには、矢野燿大《やのあきひろ》さん(現阪神タイガースコーチ)が私のことを新聞でコメントしてくれました。阪神をクビになった私にチャンスをくださったアマチュア野球の関係者に本当に感謝しています」

野球から離れて社業に専念。年下に教えを乞う毎日

的場さんは野球部を離れ、人事部で勤務することになりました。慣れないスーツに身を包み、パソコンに向かう毎日。初めて経験することばかりでした。

「まず、ビジネスで使うメールの書き方がわからない。上司に対してメールを送るのも初めてでした。初歩の初歩からスタートしました。わからないことは誰かに聞くしかありません。プライドはどこかに捨てて、「教えてください」と言いました。まわりはみんな年下ばかりですが、それは気になりませんでした。「ごめんごめん。甘いもんあげるから」って(笑)」

いつも同僚に助けられていた的場さんに大きな仕事が回ってきました。社内の社長表彰イベントの担当を任されたのです。

「社内行事ですが、1000万円レベルの予算があって、それを振り分けるところからやらせてもらいました。いくら計算しても数字が合わない。1週間ほど徹夜で資料を作りましたが、目の下には隈ができました。書類にはいろいろな部署の印鑑をもらわなければならないので、不備があったら大変です。社長のあいさつ文の叩き台も私が考えました。国際情勢とか、会社の業績とかいろいろ調べて。何度も何度も突き返され、真っ赤になるまで修正されて……これはいい経験になりました」

的場さんは35歳まで野球ひと筋だったので、ビジネスの常識はよくわかってはいません。

「どうせ野球しかやってないから……」という視線とも戦わなければなりませんでした。

「上司にも年下の人にも、頭を下げることはまったく苦ではありませんでした。最初は冷たかった人もそのうち認めてくれるようになりました。やっぱり大切なのは、仕事に対する姿勢だと思います。

私がドラフト1位だったのは、ウソだったんじゃないかと思います(笑)。そのくらい昔の話。15年以上経ったいまも「この人、阪神のドラフト1位」と紹介してもらうことがありますが、ひとつのネタみたいになっています」

トヨタ自動車の人事部で2年勤めた的場さんに転機が訪れます。かつて阪神で苦労をともにした仲間からの電話でした。

「広島カープでも活躍した喜田剛《きだごう》という後輩がいて、阪神を離れてからも仲良くしていました。喜田が私の気を引くようなことを言うのです。「いま、子どもに野球を教える仕事してるんですけど、楽しいですよ。一緒にやりましょう」と」

一喜一憂せず、いつもポジティブに!

喜田さんは、アメリカで絶大な人気を誇るスポーツブランド「アンダーアーマー」の日本の総代理店であるドームに所属していました。

「私には、野球から離れてモヤモヤしている部分がありました。このまま我慢して一生勤めるか、野球に関連した仕事をするのか、すごく悩みました。上司に相談したら「自分に正直になったら?」というアドバイスをいただきました。

トヨタを辞めるとき、いろいろな人に、バカじゃないのかと言われました。世界のトヨタですから。でも、私は野球だけでなくスポーツ全般が好きなので、その楽しさを感じながら仕事をしたいと考えました」

的場さんは、神奈川県川崎市にあるアンダーアーマーベースボールハウスの店長を任されていました(2016年春から営業本部リテール部エリアマネージャーに)。

「野球専門で、お子さんを中心に個人レッスンをしたり、野球教室を企画したり、やりがいのある仕事をさせてもらいました。店長としてのマネジメントが主でしたから、私が野球を教える機会は多くなかったのですが、ベースボールハウスには、少年たちがバットを背負って自転車で来てくれて、みんなが元気よくあいさつする姿を見るのが楽しかったですね」

メジャーリーグで3000本安打を達成したイチロー選手(マイアミ・マーリンズ)が少年時代、バッティングセンターに毎日通っていたのは有名です。

「いずれ、アンダーアーマーベースボールハウスから超一流のプロ野球選手、メジャーリーガーを出せればと思っています。上手な子はたくさんいるので、ケガをしないように、野球をずっと好きでいられるように見守っていきます」

的場さんの野球人生はいいことと悪いことの繰り返しでした。悩み、苦しみ、もがいた末に、自分にふさわしい働き場所を見つけたのです。

「私はうまくいっているときでも、マイナス思考になることが多かった。生きていると、いいことも悪いこともあります。若い人には、目の前のことで一喜一憂せず、いつもポジティブに解釈して、前を向いて歩いてほしい。つらいときには「いまは神様が我慢しろ」と言っているんだ、勉強する時期だと考えて我慢する。そうしているうちに、きっといいことが巡ってきます。どんなときでもポジティブに。プロ野球で活躍している人はみんなそうですから」

松坂世代最初のメジャーリーガー

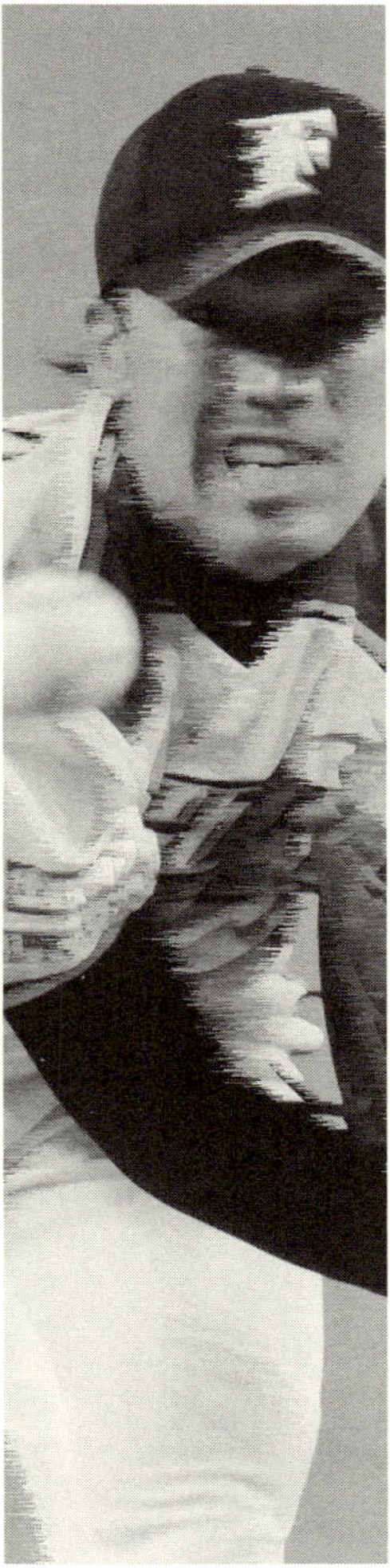

多田野数人（ただの・かずひと）

1980年東京都生まれ。八千代松陰高校→立教大学→クリーブランド・インディアンスほか→北海道日本ハムファイターズを経て、現在、石川ミリオンスターズ　投手兼投手コーチ。

松坂大輔《まつざかだいすけ》投手率いる横浜高校（神奈川県）が甲子園春夏連覇を果たしたのは１９９８年のことです。この本を手にとっているあなたが生まれる少し前か、ちょうど生まれたころかもしれません。

怪物と呼ばれた松坂投手はＰＬ学園高校や明徳義塾高校といった強豪高校をなぎ倒し、春も夏も日本一になりました。松坂投手が頂点に立ったこの大会には、その後プロ野球で活躍する選手がたくさんいました。

松坂投手と同じ１９８０年生まれ（４月～１９８１年３月）の選手は「松坂世代」と呼ばれ、和田毅《わだつよし》投手（浜田高校。現福岡ソフトバンクホークス）、杉内俊哉《すぎうちとしや》投手（鹿児島実業高校。現読売ジャイアンツ）、新垣渚《あらかきなぎさ》投手（沖縄水産高校。現東京ヤクルトスワローズ）、久《く》保《ぼ》康友《やすとも》投手（関西大学第一高校。現横浜ＤｅＮＡベイスターズ）、村田修一《むらたしゅういち》選手（東福岡高校。現読売ジャイアンツ）などは36歳になったいまも一軍で活躍しています。

「松坂世代」と呼ばれた選手たちのプロ入りまでの経緯はさまざまで、高校卒業後すぐにプロ入りした選手(松坂投手など)も、社会人野球を経由した選手(杉内投手など)も、大学を卒業してから指名を受けた選手(和田投手など)もいました。そんな中で異色のキャリアを積むことになったのが、多田野数人投手でした。

八千代松陰高校(千葉県)で三年生夏の甲子園に出場したあと、立教大学に進みました。入学後すぐに頭角を現し、一年生の秋に9年ぶりのリーグ優勝に貢献。4年間で通算20勝をマークして、ドラフト1位候補として騒がれました。

ところが、ドラフトでの指名がありませんでした。そのために、ほかの「松坂世代」とは別の道を進むことになったのです。

2002年、多田野投手が旅立ったのはアメリカでした。メジャーリーガーを目指して、たったひとりで海を越えたのです(松坂投手のボストン・レッドソックスへの入団が決まったのが2006年12月)。

甲子園よりも神宮球場に憧れた少年時代

甲子園球場は、野球少年なら誰もが目指す特別な場所です。「聖地」に立つという大きな目標があるから、つらい練習に耐えられるのです。しかし、多田野少年が憧れたのはなぜか神宮球場でした。

「僕は中学生のときから神宮球場でプレイする機会に恵まれました。そのころから、また神宮球場で野球をするという目標を持ちました。あるとき、たまたま神宮球場のそばを通りがかったので、中に入ってみました。法政大学とどこかの試合だったのですが、スタンドの応援も雰囲気もすばらしくて、東京六大学でプレイしたいと思ったのです。だから、六大学の付属（系列）高校を受験しました」

しかし、いずれの高校にも進むことができず、多田野投手が選んだのは八千代松陰高校でした。１９８０年に創部3年目で春のセンバツに出たものの、それ以降は甲子園から遠ざかっていました。

「私立ですが、夏の甲子園に出たことのない学校でしたから、自分がそこに立つことは考えられませんでした。だから、勉強もしっかりやって、六大学に入って野球をしたいと思いました。ただ、僕たちの学年にはたまたまいい選手が集まっていて、三年の夏に甲子園に出ることができました。甲子園に出場したおかげで、六大学で野球をするという夢がかないました」

甲子園に行くために親元を離れて強豪校に進む選手は珍しくありませんが、多田野投手は彼らとは別世界にいました。

「中学時代は軟式野球をしていました。いわゆる部活動です。15歳で野球のためにひとりで知らない土地に行く人はすごいと思っていました。僕には考えられません」

しかし、高校時代に松坂投手やPL学園のエース上重聡《かみしげさとし》投手と対戦することで、意識が変わっていったのです。松坂投手が甲子園で話題を独占するのは高校三年の春からですが、それ以前から関東では彼の名前を知らない者はいませんでした。

「僕は高校一年の夏から背番号をもらっていましたが、甲子園で同じ一年生が活躍するのをテレビで見て「すごいなあ」と他人事のように感じていました。ところが、僕も高校で力をつけていって、すごい選手たちとの接点ができてきました。でも、横浜高校の松坂はとてもライバルとは考えられない。あまりにもすごすぎて、漫画のヒーロー、象徴のように思っていました。でも、実際に対戦して、まったく歯が立たない感じではありませんでした。「いずれは倒したい」「勝つためにはどうすればいいか」と考えるようになったのです」

三年生の春に千葉県大会で優勝を果たし、夏には東千葉（第80回大会は記念大会のため、千葉県から2校出場）を制して甲子園出場を決めました。

「自分がすごいピッチャーだから甲子園に出られたとは考えませんでした。チームがひとつにまとまったから千葉で勝てたのだと思います。八千代松陰は、打力はありませんでしたが守備がよくて、いつも安心して投げることができました。甲子園では試合がすぐに終わってしまい、あの舞台のよさを味わうことはできませんでした。本当にあっと言う間で……」

甲子園の初戦で上重投手を擁するPL学園と対戦し、2対6で敗れました。両校のエースが数カ月後に立教大学で同じタテジマのユニフォームを着ることをふたりは知るはずもありませんでした。

憧れの神宮球場で揉まれて才能が開花

自由選抜制度を使って立教大学を受験したときには、隣の席に甲子園で戦ったＰＬ学園のエースが座っていました。見事に合格し、多田野投手は神宮球場でプレイする権利を得ました。

立教大学に入ってすぐに、レベルの高さに驚きました。しかし、25人のメンバーに入らないと神宮球場のマウンドには立てません。オープン戦からしっかりアピールをして一年生の春からベンチ入りを果たしました。

「初めて対戦したのは慶應の喜多《きた》隆志《たかし》さん（２００１年ドラフト１位で千葉ロッテマリーンズ入団）。あっさり犠牲フライを打たれて、すごいところに来たなと思いました。改めてレベルの差を感じて、練習に打ち込むようになりました」

一年生の秋には３勝をマークして、９年ぶりのリーグ優勝に貢献しました。しかし、同世代のトップを走る松坂投手は西武ライオンズで16勝を挙げ、最多勝を獲得。ゴールデングラブ賞、ベストナイン、新人王などタイトルを総なめにしました。

「2学年上の上野裕平《うえのゆうへい》さん（2000年ドラフト2位で読売ジャイアンツ入団）が同じチームにいたので三、四年生になって少し考えるようになりましたが、下級生のときはプロを意識することはありませんでした。もちろん、松坂の活躍は知っていましたが、同級生と言うよりもまったく別世界の人。高校のときよりももっと遠くに行ってしまいました」

多田野投手はその後もコンスタントに投げ続け、4年間で20勝14敗、防御率1・51という成績を残しました。第1回世界大学野球選手権の日本代表にも選ばれました。

「20勝がすごい数字なのかどうかはわかりません。大学時代、スランプで悩むことはありませんでしたが、右ひじ、肩、腰など故障をたくさんしました。それはとても勉強になりました。これ以上投げたら壊れるというのがわかったことは収穫でした。おかげで、大学を出てからは、故障はほとんどありません。野球部に医療体制があったわけではないので、自分で勉強して治療院などを探したことが役に立ちました」

高校までが「教えられる野球」だとすると、大学は「考える野球」。多田野投手はトレーニング方法もコンディショニングも自分で考えました。

そのときに気づいたのは「人とは違うことをやらなければダメ」だということ。大学時代にこう考え実践していたことが、アメリカで実を結ぶことになるのです。

アメリカでは結果を出し続けなければならない

2002年秋のドラフト会議で指名から漏れた多田野投手は、単身、アメリカに渡りました。クリーブランド・インディアンスの入団テストに合格し、マイナー契約を結びました。

「最初は、何年以内にメジャーに上がろうという目標を立てることはできませんでした。しかし、実際にマイナーのチームに入るとすぐに目標ができたのです」

メジャーリーグははっきりとランク付けされた世界です。トップがメジャー、その下にAAA(トリプルエー)、AA(ダブルエー)、A(エー)があり、さらにはルーキーリーグまであります。トップチームに昇格しメジャーリーガーになるためには、過酷《かこく》な競争を勝ち抜かなければなりません。

「確かに、はるかに長い道のりではあるのですが、そこには階段があります。「ひとつひとつ上がっていけばメジャーも不可能ではない」「メジャーリーガーになりたい」と思いました。インディアンスという組織の中に、100人ほどのピッチャーがいました。メジャーの投手の枠は12人ですから、簡単ではありません。確率を考えれば、「結果を出し続けなければならない」のだと覚悟を決めました」

2メートルもある大男も、160キロのストレートを投げるピッチャーも、見たこともないような変化球を投げるピッチャーもいます。アメリカ人やカナダ人だけではなく、ドミニカやベネズエラ、プエルトリコ出身の人もいます。個性も考え方も体型も球歴もバラバラの人たちが12しかないメジャーの椅子を争うのです。もちろん、言葉は英語だけではありません。

「誰に何を言われているか、まったくわからない状態です。言葉も食事も習慣も、全然違う人と戦わなければなりませんでした。いきなり、なんだかわからない言葉で怒られることが何度もありました。彼らはグラブの上に座るのも平気、他人の道具を勝手に使う選手もいました」

常識がまったく通じない場所でどうやって戦うか

多田野投手がそれまで普通だと思っていた常識が通じる場所ではありません。日本でのやり方が通用するところではなかったのです。

トレーニング方法もコンディションの整え方もそうでした。日本で当たり前に行ってきた「投げ込み」はやらせてもらえません。

「どうしてダメなんですか?」とコーチに聞いても、「ダメなものはダメ」と言われてしまいます。アメリカでは100球も200球も投げ込むのは故障のリスクの高い「とんでもない練習」なのです」

プロとして実績のないルーキーは従うほかに方法はありません。ブルペンでひとりに与えられた投球練習時間は10分程度。どれだけ急いでも、100球も投げられるわけがありません。思うように投げられないことが最初は大きなストレスになりました。もちろん、ボールの違いもそうです。日本製とは大きさも手触りも、縫《ぬ》い目の幅も高さも違います。

「でも、そういうことを気にし始めると、気になってしまいます。いろいろなことを考えると逆にわけがわからなくなる。だから、小さいことは気にしないように、考えないようにしました」

多田野投手には通訳はいませんでした。カタコトの英語を駆使《くし》して、選手とコミュニケーションをとることを心がけました。

「通訳がいなかったことが僕にはよかったかもしれません。まともに言葉は通じませんが、彼らも手助けしてくれました。おかげで、すぐに会話ができるようになりました」

アメリカのマイナーリーグは「ハンバーガーリーグ」とも呼ばれています。体が資本の選手たちに豪華な食事が用意されることはありません。

「本当に、食べるものはハンバーガーしかありません。アメリカの田舎町には、23時に試合が終わったあとで食事できるお店はなかなかない。バーガーキングかマクドナルドか。朝昼晩、全部マクドナルドだったこともありました。でも、それも仕方がないこと。慣れるしかありません。そのかわり、ホームゲームのときには自炊するようにしていました」

ほかのスタジアムへの移動は、基本的にバスを使います。大きな体を丸めて何時間もバスで揺られていきます。どれだけ寝ても疲れはとれません。

「ひと言で言えば、タフな毎日でした。でも、自分だけではありません。チームの全員が同じ条件で戦っているのですから、つらいとか嫌だとかは言ってられません」

血気盛んな若い選手はストレスを溜めてしょっちゅうケンカをします。それを横目で見ながら、多田野投手は静かに闘志をたぎらせました。

「みんな同じだから、負けるわけにはいかない。我慢できなかったら、自分の負けだと思いました」

もし多田野投手が日本のプロ野球を経験していたら、マイナー生活を耐え抜くことができたでしょうか。食事も移動手段もその他の待遇も段違いです。大学を卒業してすぐにアメリカに渡ったことが「吉」と出ました。

「僕は日本ではアマチュアの選手でした。少ないながらもお金をもらってプレイするのはマイナーが初めてでしたから、待遇やお金のことで不満に思うことは少しもありませんでした」

アメリカに渡って2年目の4月にメジャー昇格

多田野投手より前に日本でプロ経験のない選手がメジャーリーガーになったのは、マック鈴木投手(1996年、シアトル・マリナーズ)だけでした。

「メジャーは、行きたいと思っても簡単に行けるところではないと改めて思いました。実際にすごい選手たちがマイナーでくすぶっているのを見ていますから。野球は数字のスポーツなので、結果を出し続けるしかない。そう自分に言い聞かせながら、プレイをしていました」

2004年4月、その知らせは多田野投手に突然届きました。

「おめでとう。明日からメジャーだ」

AAAのマーティー・ブラウン監督(2006年から広島東洋カープ監督)から遠征先のホテルで告げられました。翌日の朝チームに合流することになっていたので、すぐに荷物をまとめました。

「あまりにも急なことだったので、信じられず、実感も湧きませんでした。メジャーのスタジアムに入って感じたのは、明るいということです。ライトの強さが全然違いましたね。「これがメジャーだ！」と思いました。僕がマイナーチームから上がってきたことをみんな知っているので、選手たちは好意的に迎えてくれました。一緒にバス移動して、ハンバーガーを食べた仲間です」

プロ2年目でのメジャー昇格。日本人としては21人目の快挙でした。「松坂世代」では

その後、松坂投手(ボストン・レッドソックス)が2007年に、藤川球児《ふじかわきゅうじ》投手(シカゴ・カブス)が2013年に、和田毅投手(シカゴ・カブス)が2014年にメジャーデビューを果たしますが、彼らの中で誰よりも早くメジャーリーガーになったのは24歳の多田野投手でした。

7月のシンシナティ・レッズ戦で初勝利を挙げました。そのシーズンは14試合に登板し(4試合に先発)1勝1敗、防御率4・65という成績でした。2005年は1試合登板に終わり、またマイナーでの生活に戻ってしまいました。

「初勝利を挙げたことはうれしかったのですが、僕にとって勝ち負けはあくまで結果で、あまり大きなことではありませんでした。もちろん、勝利よりもメジャーに上がって登板

したことに価値を感じます。2006、2007年はメジャーで登板することができませんでしたが、「これも勉強だな」と考えていました。マイナー契約になってまたメジャーに上がるのは本当に大変なことです。「ここで腐ってはダメだ」といつも自分に言い聞かせました」

誰でも投げられるボールを強打者に投げる大胆さ

身長181センチ、体重80キロの体はメジャーでは標準よりも小柄な部類に入ります。もともと快速ピッチャーではない多田野投手はマイナーで苦しみながら生きる道を探しました。

「ストレートも変化球も精度を上げないといけないと考えました。スピードではメジャーのピッチャーにはとても勝てません」

ニューヨーク・ヤンキースで活躍したアレックス・ロドリゲス選手と対戦したとき、多田野投手は100キロに満たないスローボールを投げました。

「彼はパワーもテクニックもセンスもすべて兼ね備えた最強のバッターです。ツーストライクまで追いこんでも投げるボールがありません。フォークを投げても、何を投げても打ち取れそうになかったので、スローボールを投げました」

メジャーリーグという最高の舞台で、歴史に名を残す大打者に対してスローボールを投げる勇気をどれほどのピッチャーが持っているでしょうか。

「マイナー時代にも何度か投げました。確かに勇気はいりますが、100人ピッチャーがいれば100人投げられますから。ナックルボールには技術が必要ですが、スローボールはそうではありません」

しかし、やはりスローボールを投げることは簡単ではありません。その大胆さが多田野投手の長所でした。

「以前、甲子園で高校生が投げたスローボールが話題になりましたが、ルール的には何も問題ありません。『バッターをバカにするな』と言われるかと思いましたが、アメリカではまったくそんなことはなかったですね。ルールブックには、速いボールはいいけど、スローボールはダメだとはどこにも書いてありません。ただし、僕は八番バッターなどには投げません。A・ロッドみたいな強打者専用の秘策でした」

初めて経験する日本のプロ野球で感じた違和感

多田野投手は2007年までマイナーで奮闘したもののメジャーに上がることができず、戦いの場を日本に移すことにしました。2007年秋のドラフト会議で1巡目指名を受けて北海道日本ハムファイターズに入団することになりました。

22歳でアメリカに渡った青年は、「松坂世代」の主役である松坂投手と入れ替わるように、27歳で日本に戻ってきました。

「日本でプレイしないかと声をかけていただいたので、戻ってくることにしました。アメリカでの生活に飽きたわけでもメジャー昇格をあきらめたわけでもありませんでした」

アメリカで日本の常識を捨て、メジャー式の野球観を身につけた多田野投手にとって、日本のプロ野球は異質なものに映りました。

「これが日本の野球なのか? という思いはありました。微妙にルールも違いますし、チームの考え方、監督やコーチの指導方法……特に「あれっ」と思ったのは選手の扱い方ですね。アメリカでのコーチの役割はあくまで、選手をサポートすること。コーチが教えすぎることはありません。日本では、コーチが上で選手が下という関係にあるように思いました。頭ごなしに指示して「やらせる」コーチが多いと感じました。

僕のピッチングフォームは変則的ですが、高校でも大学でも直されることはありませんでした。アメリカでももちろんそう。もし、大学から日本のプロ野球に入っていたら、フォームを矯正《きょうせい》されていたかもしれません」

メジャーリーグで32勝をマークした吉井《よしい》理人《まさと》投手コーチは多田野投手のよき理解者でした。しかし、一軍でさえ、選手を「いじる」コーチが多いことに驚いたのです。

「アメリカではとても考えられない指導方法です。もしフォームを変えて故障したらどうやって責任をとるのでしょうか。吉井さんのコーチとしてのあり方は、いま参考にさせていただいています」

4人続けてホームランを打たれても怒られない

多田野投手はドラフト1位の重圧を感じることなく、淡々と投げました。1年目の2008年は19試合に先発して7勝7敗、防御率4・78。2009年は5勝をマークしました。

「日本のプロ野球でプレイするのは初めてでしたが、お客さんの応援は温かく、投げるのが楽しかった。ファイターズはいいチームですし、チームメイトと言葉が通じるからストレスもありません。梨田昌孝《なしだまさたか》監督も、そのあとの栗山英樹《くりやまひでき》監督も選手を大人扱いしてくれる監督でした。選手は上司である監督を選ぶことができませんから、僕はすごく運がよかったと思います。

僕はアメリカの5年間で10人くらいのピッチングコーチとプレイしましたが、どのコーチにも怒られたことがありません。フォアボールを何個出しても、どれだけホームランを打たれても。4人続けてホームランを打たれたことがありましたが、怒られませんでした。「次の試合でがんばろう」と言われただけ」

アメリカでは引退した有名選手がすぐにコーチになることはほとんどありません。専門

日本ハムで7年間プレイし、18勝20敗、防御率4.43　©時事

のトレーニングを受け、マイナーリーグでいろいろな経験を積んでから上のチームに上がっていきます。

「打たれたピッチャーに「なぜそんなピッチングをしたんだ！」と怒っても何も解決しません。むしろ畏縮して力を出せなくなる可能性があります。失敗したときにどのように声をかけるのか、うまくいかないときにどうやって導くのか。日本のコーチはやってはいけないことばかりをしているように思いました」

ピッチャーが戦う相手は、打席に立っているバッターです。しかし、敵ではなく、味方のベンチを気にしてばかりいる若い選手がたくさんいます。

「バッターをどう打ち取るかに集中すべきなのに、監督の顔色を気にして、怒られないか、交代させられないかを心配するピッチャーが多いのに驚きました。ビクビクしながら投げて抑えられるわけがありません」

勝ち星よりも大切なものがある

多田野投手にはアメリカで何度も修羅場《しゅらば》を潜《くぐ》り抜けてきた自負と、パワフルなバッターを手玉に取ってきた投球術がありました。ところがその後、思うようなピッチングができなくなりました。２０１０年は体調不良のため2試合だけの登板に終わり、わずか3年で戦力外通告を受けたのです。

「成績が成績でしたから、仕方がないと思いました。即戦力として期待されて入団したわけですから、数字を残せなければ切られるのは当然です。でも、自分ではまだやれると思っていました」

シーズンオフの合同トライアウトでいつも通りのピッチングを披露した多田野投手は、再び日本ハムのユニフォームを着ることになりました。背番号は16から65に変わりました。

「同じチームになんとか拾ってもらった形でしたが、恥ずかしいというような感情はありませんでした。与えられた役割をまっとうすることだけを考えました」

２０１１年は19試合に登板。２０１２年には17試合に先発して6勝をマークしました。

２０１４年のシーズン後に二度目の戦力外通告を受け、日本ハムのユニフォームを脱ぎました。

7年間で80試合に登板し、18勝20敗、防御率は4・43。ドラフト1位としては、大成功とは言えない成績でした。

「僕自身、日本でも勝ち星にはあまり重きを置いていませんでした。先発をしたときも、中継ぎに回ったときもあります。評価は人がするもので、数字に関してよかったとも悪かったとも思いません。ただ、ドラフト1位なので1年でも長くチームに貢献したかった。7年間プレイできたことが自分にとっては大事です。戦力外通告を受けたとき、34歳だったのですが、その年齢までプロでやれる選手はそう多くありませんから。球団と揉めることなくいい関係で終われたことはうれしかったですね」

日本ハムから戦力外を通告されても動揺はありませんでした。ただ、まだ野球がしたい。多田野投手にとって、その気持ちが一番大切でした。

「海外でプレイすることも考えましたが、体力的なことを考えると難しい。投手兼投手コーチとして、独立リーグの石川ミリオンスターズに入団することになりました」

生き残るために他人と違うことをする

石川県に本拠地を置くミリオンスターズは、プロ野球独立リーグ・ベースボール・チャレンジ・リーグ(BCリーグ)に所属するチーム。カテゴリーとしてはプロ野球に入るもの の、NPB(日本野球機構)の球団ではありません。選手のレベルも待遇もスタジアムの環境も、比べることはできません。

「2015年からプレイしていますが、アメリカのマイナーリーグとは違う種類の大変さを感じます。マイナーリーグは確かに厳しいのですが、練習する環境には恵まれています。しかし、独立リーグの場合は、練習場所も時間も十分ではなく、野球選手が成長するために不足しているものがたくさんあります。ただ、彼らはとても一生懸命です。「野球がうまくなりたい」という気持ちは、NPBのプロ選手よりも上かもしれません。意欲のある選手はどんどんうまくなりますから、その成長を見るのは楽しい」

多田野投手は現役投手として投げながら、プロ入りを目指す未成熟な選手たちの指導を行っています。

「独立リーグにいる選手の中にエリートはいません。大学や組織からドロップアウトした人もいます。そのせいか、あきらめが早いなと感じます。自分であきらめたら終わりですから」

多田野投手はこれまで日本の選手とは違う道を歩いてきました。その経験がいま、選手の指導に生きています。

「ピッチャーは特に変わり者が多いですね。変人の集まりです。でも、ピッチャーはみんなそうですから、「そういうものだ」と頭に入れていけば気になりません。これは野球をする中で学んだことです。野球という特殊な世界で、自分の腕だけで生きていこうとすれば、他人と同じことをしても仕方がありません。だから、「ほかの選手と違うことをしろよ」と言います。そのほうがやりやすいみたいです」

性格も個性も球歴も野球に対する考え方も違う選手のやり方を尊重することは、思っているより難しいものです。成功体験のある人ほど自分のやり方を押しつけることがよくあります。

「選手には選手の人生があるので、いいかげんなひと言はかけたくありません。何かを言う場合、すごく責任を感じています。本当に困ったときにそっと言葉をかけるように心がけています」

元メジャーリーガーで、プロ野球で34歳までプレイした多田野投手のことを、選手たちは羨望《せんぼう》のまなざしで見ていることでしょう。彼らにとっては間違いなく、「生きた教科書」です。

「トレーニングの方法、コンディショニングから食事まで、本当に何でも聞いてきます。すごく素直なので、教えがいがあります。いまは情報がありすぎて、逆に迷うみたいです。最終的には自分で考える力をつけてほしいのですが、一緒に考えてあげる時間があってもいいのかなと思います」

「松坂世代」はみんな松坂を目標に野球をしてきた

多田野投手はこの2年で、コーチの視点でものを考えることが増えましたが、まだまだ現役投手として投げる意欲は失っていません。

「大きな故障もなく、いまでも昔と変わらず投げることができます。それはきっと、アメリカで投球回数の制限があったからだと思います。1年目は100イニング以内と決まっていました。きっとそれがよかったのでしょう。30代後半まで手術することなく投げられているので、当時のチーム関係者には感謝しています」

独立リーグ1年目の2015年の成績は、6勝4敗、防御率2・48でした。バッターを圧倒するようなピッチングができているわけではありません。

「レベルが落ちる独立リーグだからといって、バッターを簡単に抑えられるわけではありません。ホームランを打たれることもあるし、思うようなボールが投げられないこともあります。そこでやる気をなくしてしまうのか、抑えてやろうと奮起するのか。それによって、進む道が変わってくると思います」

1998年の甲子園を沸かせた「松坂世代」も多くがユニフォームを脱ぎました。現役を続ける選手たちに残された時間は多くありません。しかし、2016年シーズン、メジャーから福岡ソフトバンクホークスに復帰した和田投手はふたケタ勝利を挙げました。若手の突き上げを食らって苦しんでいた村田選手(巨人)もかつての輝きを取り戻しました。

ベテランになった「松坂世代」はまだまだ元気です。あとは松坂投手の完全復活を待つばかり。

「松坂は肩の状態が万全ではなく、かなり苦しんでいます。でも、僕たちの中ではいまでも彼がトップです。松坂を目標にして僕たちは野球をしてきたのですから、これで終ってほしくはありません。もっとがんばってほしいと心から願っています」

多田野投手も「松坂世代」に負けるわけにはいきません。

「僕自身、まだ衰えを感じることはありませんし、バッターと対戦するのが楽しいという感覚があります。何歳まで可能かはわかりませんが、投げられるだけ投げたいと思っています。もちろん、もう一度NPBでプレイしたいという気持ちはあります。

これまで野球をずっとやってきてわかったのは、当たり前だと思うことが当たり前じゃないということ。そんな事柄にぶち当たっても「なんで?」とカリカリしなくなりました。世界にはさまざまな野球がありますし、本当にいろいろな選手がいます。考え方も人それぞれ。

野球を通じて、「答えはひとつではない」ということを知りました。それが、選手を指導するにあたって、役立っていると思います。

アメリカで5年、メジャーも少しだけ経験させてもらいました。日本のプロ野球で7年、独立リーグで2年プレイして学んだことを、これから生かしていきたい。具体的に何かはまだわかりませんが、将来はそういう仕事をしたいと考えています」

ＩＴ企業のビジネスマンへ華麗なる転身

江尻慎太郎（えじり・しんたろう）

１９７７年宮城県生まれ。宮城県仙台第二高校→早稲田大学→北海道日本ハムファイターズ→横浜ＤｅＮＡベイスターズ→福岡ソフトバンクホークスを経て、現在、ソフトバンクコマース&サービス勤務。

ドラフト1位で指名される選手はみんな、高校や大学、社会人野球ですばらしい成績を残しています。プロ野球の世界で1球も投げたことのない人に1億円もの契約金を払い、1000万円以上の年俸を用意するのですから、もちろん球団は獲得には慎重になります。選手の能力を見極める目利きであるスカウトがプレイを確かめ、関係者を通じて人間性も調査します。「絶対に戦力になる」と多くの専門家に認められた選手だけがドラフト1位で指名されることになるのです。

ところが、事前の見立て通りにドラフト1位が活躍するとは限りません。「10年にひとりの逸材《いつざい》」のはずなのに、一軍でプレイすることなくユニフォームを脱ぐ選手もいます。イチロー選手のようにドラフト4位指名で入団し、日米通算で4000本以上もヒットを打つスーパースターになることもあります。

プロ野球選手としての資質(体格・技術・センス)、精神面の強さ、アマチュア時代のキャリアなどが揃っていても、期待通りの成績を残すことは簡単なことではありません。

アマチュアとプロでは大きな壁があり、レベルの高いプロ野球では「これまでと同じ」ではなかなか通用しません。何かを変える必要が出てくるのです。ことがうまく運ばないときこそ、変化が求められます。しかし、成功体験のある人は、変えることを怖がるもの。だから、欠点を修正することができず、ひっそりと消えていくケースが多いのです。

プロ野球は1年ごとの勝負、次のシーズンには新しいドラフト1位が入団してきます。何を変えて、何を変えないのか。

これは、すべての選手に突きつけられる大きな大きな課題です。

2001年秋、日本ハムファイターズ(現北海道日本ハムファイターズ)に自由獲得枠で入団した江尻慎太郎さんは、入団からの6年間、主に先発投手として投げて22勝14敗という成績を残していました。しかし2007年秋に右ひじのトミー・ジョン手術(側副靭帯《そくふくじんたい》再建手術)を受け、翌年はほとんどをリハビリに費やしました(二軍で7試合登板)。

2009年のシーズンが始まってすぐに、ある人のひと言をきっかけに大きな決断をします。

江尻さんはそれ以降、試合中盤に登板するセットアッパーとしての地位を確立し、横浜

DeNAベイスターズ、福岡ソフトバンクホークスに移籍しても、勝利に貢献し続けました。2014年限りで引退するまでプロで13年間戦うことができたのは、自分を変えることを恐れなかったからです。

戦力外通告を受けてもまたプロ野球選手になりたい

江尻さんがユニフォームを脱いでから2年が過ぎようとしています。ときに解説者としてスタジアムに行くことはありますが、マウンドに立てないことが残念でたまりません。

「13年間のプロ野球生活を振り返ると、本当に楽しかった。あそこに戻りたいというよりも、もう一度プロ野球選手になりたいと本気で思います。戦力外通告を受けた瞬間が一番、プロ野球選手になりたいという気持ちが強かった。プロ野球選手になる直前よりもずっと。

大学生のときには未知の世界に踏み込むことに不安がありました。現役のときは苦しいこともつらいこともありました。でも、クビと言われたときに「うわーっ、プロ野球選手になりたい！」という感情が湧いてきました。未練ではありません。プロ野球選手としての楽しさを知っているので、心の底からそう思いました。そのくらいプロ野球は最高の世界でした」

ドラフト1位のプライドが邪魔してアドバイスを聞けない

1977年に宮城県仙台市で生まれた江尻さんは2年浪人し、早稲田大学に入学しました。そのころの早稲田大学野球部には有望選手が揃っていました。2学年上に藤井秀悟《ふじいしゅうご》さん、1学年上に鎌田祐哉《かまたゆうや》さん（いずれも元東京ヤクルトスワローズ）、ひとつ下には和田毅《わだつよし》投手（福岡ソフトバンクホークス）、2学年下に鳥谷敬《とりたにたかし》選手（阪神タイガース）、青木宣親《あおきのりちか》選手（シアトル・マリナーズ）がいました。レベルの高い選手の中で揉まれ、江尻さんはプロから高い評価を受ける投手になったのです。

江尻さんが入団した日本ハムはまだ北海道に移転する前、現在のような地域密着型の人気球団ではありませんでした。観客動員の面でも設備の面でも、一流だと胸を張れる状況でなかったのは事実です。日本ハムは1981年を最後に、リーグ優勝からずっと遠ざかっていました。球界を代表するようなスーパースターはおらず、あまり目立たないチームでした。

「もともとは巨人ファンでしたが、自分にも働ける場所があるのではないかと考えて日本ハムを選びました。プロに入ってしばらくして、先輩から「ここはプロ野球じゃないからな」と言われました。人気球団でないことはわかっていましたが、どうしてそんなことを言うのだろうと不思議に感じました。同じ東京ドームを本拠地にする巨人とは圧倒的な差がありました。

大学の先輩の藤井さん、鎌田さんがヤクルトで投げていましたから、自分もやれるかもとは思っていました。一方で、後輩の和田の実力をよく知っていて、自分がそれほどのピッチャーではないということもわかっていました。その年は運よく即戦力の選手が少なかったので、ドラフト1位の評価をしてもらったと思っていました」

2002年の日本ハムのチーム防御率は3・85(リーグ4位)、ふたケタ勝利を挙げたのは金村曉《かねむらさとる》投手だけ(10勝)。だからこそ、ドラフト1位の力が必要だったのですが、江尻さんは戦力になれませんでした。

「プロのレベルの高さに跳ね返されました。問題だったのは、プロに入ってからのビジョンがまったくなかったこと。力が足りないと自覚しながら、「どうすればいいのか」という答えが出せないままプロに入ってしまいました。

オープン戦でいい結果を残すことができませんでした。それなのに、ドラフト1位のプライドだけはあるという困った状態。結果が出ないのに、まわりの人のアドバイスを素直に聞くことができませんでした。根拠のない自信だけはあって、「俺はこれでいきます」と頑なになって……」

アマチュア最強レベルのチームでも、プロ候補選手がひとりかふたりいる程度。ほとんどのチームには日本代表クラスの選手はいません。しかし、プロ野球のチームはみんな選りすぐられたプロの選手ばかり。代打も守備固めで出てくる人も。こんな当たり前のことがわかっていませんでした。

「アマチュア時代に抑えられたピッチャーもプロで通用しないことは珍しくありません。いまはメジャーで活躍しているダルビッシュ有《ゆう》投手(元北海道日本ハムファイターズ)だって、田中将大《たなかまさひろ》投手(元東北楽天ゴールデンイーグルス)だって、最初から抑えたわけではありませんから。自分の力量をしっかり把握したうえで、どう戦うかというビジョンがない選手は苦労しますよね」

結婚を機に心を入れ替えプレイに集中

アマチュアとプロ野球の間には大きな壁があります。何年かにひとりかふたり、それを軽々と飛び越える大物ルーキーが出現しますが、ほとんどはそこで立ち止まり、足踏みすることになります。江尻さんもそんなひとりでした。

「自分の実力に気づくことが大切なのですが、私にはできませんでした。1年目は二軍で1勝5敗、夏にはローテーションから外されて、グラウンドの外に気持ちが行っていました。プロでダメになる典型的なパターンで……。翌年結婚したときに妻に貯金額を伝えたら、ものすごく驚かれて、そこから年棒に見合った小遣い制になりました(笑)」

日本ハムは2004年から本拠地を北海道に移し、北海道日本ハムファイターズとして新しいスタートを切りました。

「私は在京球団志望だったので、北海道に行くと聞いて驚きました。最初はあんなに寒いところで野球ができるのかと思いましたが、ファンの方に温かく迎えていただきました。日本ハムには8年間所属しましたが、半分は一軍で半分ファーム。ファンの温かい声援に支えられながらなかなか結果を残せない歯がゆさを感じました。ファンを大切にするチームカラー、選手教育を熱心に行うすばらしい球団ですが、「自分もそうあるべき」と身構えすぎてしまい、息苦しさを感じることもありました」

プロ2年目の2003年は3試合に登板しただけ。2004年にやっとプロ初勝利をマークし、5勝1敗、防御率5・29という成績を残しました。2005年に6勝(4敗)、2006年は4勝(4敗)を挙げました。

「チームの方針を理解しきれない部分があり自分で殻《から》を作ってしまって、うまく羽ばたけなくてストレスを感じていました。人間関係もギクシャクして、苦しさを感じることもありました。成績の部分で突き抜ければ自分の個性を主張できたのかもしれませんが、それも中途半端。先発投手を任されているうちはずっとそんな状態でしたね」

試合前にチームスタッフともめ事を起こしたり、後輩と言い争いをしたりしたこともありました。江尻さんは活躍の場が与えられても、すべてを出し切れていない日々を送りました。プロ野球は結果がすべて。数字さえ残せば自分のやり方や考えを押し通すことができますが、それまでは我慢を強いられることがあります。

「市場を見ろ」というアドバイスでサイドスローに

そんな時期に出会ったのが、小林繁《こばやししげる》二軍投手コーチでした(2010年に心不全で死亡)。巨人、阪神で通算139勝を挙げた昭和の名投手です。独特なフォームで人気を集めたアンダースローのピッチャーでした。

「会って1週間くらい経ったころ、いきなり「横から投げてみろ」と言われました。はじめは、「いやいや、そんなことはできません」と私は答えました。ピッチャーにとってフォームを変えるのは重大なこと。そんなに簡単に決断できません」

しかしそのとき、小林コーチはこう続けました。

「お前は俺なんかよりよっぽど才能があるのに、どうして上から打ちやすい球を投げる？　俺は才能がなかったからバッターをだますことばかりを考えていた。お前も、バッターが嫌がることを考えてみろ」

チームには右のオーバーハンドのピッチャーはたくさんいます。江尻さんはもう中堅になっていて、故障明けということもあり、チャンスがなかなか巡ってきませんでした。横から投げるピッチャーは建山義紀《たてやまよしのり》さん（2011年からテキサス・レンジャースへ）ひとりだけ。監督、コーチは彼に続く存在を求めていました。

「小林コーチに「江尻＝横投げ《サイドスロー》というだけで周囲の見方は変わるだろう。俺が責任を持つ！」と言われ、即決しました。その日から横で投げ始めました。技術的なことではなく、マーケティングの観点からのアドバイスだったので、しっくりきました。「市場《マーケット》をしっかり見なさい」ということ。その実力でレッドオーシャンに飛び込んでどうする？　自分を生かせる場所で力を発揮しろと教えてもらいました」

小林コーチは江尻さんだけではなく、ほかのピッチャーにも横から投げることを勧めていました。しかし、マーケティングの観点からのアドバイスだと理解したのは江尻さんだけ。チャンスを生かしたのもひとりだけでした。

「自分にサイドスローが向いているからチャレンジしたわけではありません。完全なサイドスローにはなりませんでしたが、横から投げることで首脳陣の見方は変わり、サイドスローのピッチャーに投げさせたい場面で声がかかるようになりました。

結果的に腕が下がったことで右バッターは踏み込めなくなり、アウトコースのボールを有効に使えるようになりました。その分、左バッターに苦しむようになって……打たせないためには、カットボールをしっかり磨こう、フォークのコントロールをつけなければ、と具体的な課題を見つけて、野球が楽しくなりました」

最速153キロのストレートとスライダー、カットボール、フォークボールを駆使《くし》して、2009年には45試合に登板し2勝1敗12ホールド、防御率3・20という成績を残し、日本ハムのリーグ優勝に貢献しました。クライマックスシリーズ、日本シリーズでも緊迫した場面でマウンドに立ちました。

環境を変えることで自分の長所に気づく

投球フォームを変え、働き場所を得た江尻さんをさらに解き放ったのは、横浜へのトレードでした。シーズンが始まってすぐの2010年4月1日、新天地へと向かいました。江尻さんは、それまで肩の上に乗っていた重しが取れたような気がしました。

「日本ハムではいろいろな人にあれこれアドバイスされ、何がなんだかわからなくなるときもありました。当時苦しんでいた横浜の選手たちは、優勝チームから来たピッチャーに興味を持ってくれました。私はそれまでつまらないことにこだわりすぎていたことに気がつき、自分の好きなように野球をやろうと思いました。最初にいい結果を出したら、自分のことを尊重してくれ、メチャクチャ楽しいシーズンになりました」

移籍後すぐにリリーフ陣の一員に加わった江尻さんは、7試合連続無失点の好投を見せます。2010年は横浜で54試合に登板し、1勝2敗13ホールド。シーズン終盤に打ち込まれて防御率は4・22でしたが、チームへの貢献度は十分でした。2011年は65試合に登板、2勝2敗22ホールド、防御率2・06。監督推薦により、オールスターゲーム初出場

横浜移籍 1 年目に 54 試合、2 年目に 65 試合登板を果たした
©時事

を果たしました。

「横浜では羽ばたきまくりでした。本当に羽が生えたみたいに(笑)。どんどん出番をもらって、自分で考えたことを試合で試すことができました。箱の中を空っぽにして、また詰め込む作業は楽しくて仕方ありませんでした。環境が変わればこんなにも人間は変わることができるんだと、自分でも驚きました。新しい場所で見えてくるものもあるのです。欠点だと思っていたことが長所になることも。これは大きな発見でしたね。

どんな組織でも、いいところも悪いところもあります。その中で自分をどう生かすかが大事だと横浜で学びました」

ピッチングにも変化がありました。バッターやランナーをだます術《すべ》を少しずつ身につけていったのです。涼しい顔で、相手をあざむく喜びを感じ始めました。

「ときどき、登板前のピッチング練習で、手が滑ったふりをしてボールをバックネットにぶつけました。タイミングを合わせて素振りをするバッターは「ガシャン」という音を聞いて「マジかよ?」という顔になりました。そのあと、初球をど真ん中にカーブを投げると、本当に嫌そうにしたものです」

150キロを超えるスピードボールよりもバッターが嫌がることをする江尻さんの引き出しはどんどん増えていきました。

「バッターだけに集中しているふりをしてランナーをけん制で刺したり、わざと盗塁しやすいカウントを作ってランナーを走るように仕向けて二塁でアウトにしたり。こんなことができるようになったのは、経験だと思います。自分で考えて、試して、成功したり、失敗したりの積み重ね。チャレンジしないと、引き出しは増えません」

3球団目のソフトバンクで強さの秘密を知る

2012年は右肩を痛めて2試合の登板に終わり、シーズンオフに江尻さんは福岡ソフトバンクホークスにトレードされました。ここでは、三冠王の松中信彦《まつなかのぶひこ》さんに次ぐベテランになっていました。

「日本ハムのライバルチームで、『このチームを倒して優勝するぞ』と意識していたので、ソフトバンクに所属できることがうれしかったですね。環境と待遇が、それまでの2球団とは全然違いました。ベテランとして立ててくれるし、最高の気分でプレイしていました。

「プロ野球じゃないから勘違いするなよ」と言われた時代の日本ハムでプロ野球選手として育ててもらい、横浜で自分の殻を破り、プロらしい環境のソフトバンクで選手生活を終えられたことは幸せでした。ソフトバンクに入ったことが現在の仕事につながっていますし、振り返ってみれば大きな転機だったと思います」

２０００年代後半、ソフトバンクは優勝から遠ざかっていましたが、２０１０年以降、秋山幸二《あきやまこうじ》監督によって甦りました。２０１４年に日本一に返り咲き、２０１５年も工藤公康《くどうきみやす》新監督に率いられて連覇を果たしました。「世界の王」と呼ばれた王貞治《おうさだはる》監督が土台を築いたチームは、常勝軍団になろうとしています。

「もちろん、オーナーの孫正義さん、会長の王さんの存在も大きいですが、環境、設備、人材、すべての面で恵まれています。ほかの11球団と比べることができないくらい。新人からずっといる選手たちは気づきづらいかもしれませんが、３球団でプレイした私は大きな違いを感じました。ソフトバンクは本気で世界一のチームを作るつもりですし、日本のプロ野球全体のレベルを上げようと考えています」

江尻さんはプロ野球最後の2年間を福岡の地で過ごしました。移籍1年目の2013年は23試合に登板して1勝1敗2ホールド、防御率3・38。2014年にソフトバンクは3年ぶりにリーグ優勝を果たしましたが、江尻さんの登板は3試合のみで、勝敗はつきませんでした。

このシーズン限りで、江尻さんはユニフォームを脱ぐことになりました。

長くプレイした選手ほどセカンドキャリアは厳しい

プロで13年間プレイした江尻さんの通算成績は、277試合登板、28勝20敗1セーブ53ホールド、防御率は4・48でした。

「戦力外通告をされる前に、自分で「今年で終わりだろう」と覚悟していました。なので、密かに宅建(宅地建物取引士)の資格を取ろうと考えていました。受験票につけるポートレートを遠征の合間に写真館で撮りました。受験する前に次の仕事のお話をいただいたので、実際には受けませんでしたが」

戦力外通告を受けた席で、江尻さんは球団から「スカウトにならないか」というオファーを受けました。ただ、まだ選手に未練があったので、「トライアウトに向けて準備します」と答えて部屋を出たときに、別の取締役に声をかけてもらったのです。「もし野球を引退するのならソフトバンクグループに推薦したいと思っている」と。

江尻さんはトライアウトを受けましたが、獲得してくれるチームはありませんでした。ここから初めての就職活動が始まりました。

プロ野球選手の平均在籍期間は8・9年と言われています。18歳で入団した人なら27歳で、22歳でプロ入りした選手なら30歳手前でユニフォームを脱ぐ計算になります。大学入学前に2年浪人した江尻さんは24歳でプロ入り、13年間プレイして戦力外通告を受けたときには37歳になっていました。

プロ野球選手としてのキャリアが評価されてコーチやスカウトになるのならいいのですが、別の世界でスタートを切るには不利なことがたくさんあります。プロ野球選手のセカンドキャリアは、現役を長く続ければ続けるほど厳しいものになります。

「よくよく考えた末に、ソフトバンクグループでの就職活動を進めてもらいました。業務経歴書を用意するようにと言われましたが、どのように書いていいのかわからず、いろいろな人に相談して、プロ野球時代に行った社会貢献活動について書いたりしました。3、4回面接があり、SPI総合検査も受けました。プロ野球選手の再就職のあっせんということではなく、普通の中途採用の関門がいくつもありました」

何が起こるかわからない最先端だから戦える！

ソフトバンクグループは世界でも有数のIT企業です。新しい会社ではプロ野球での実績は関係ありません。過去の栄光を引きずっていては、ほかのメンバーの迷惑になるでしょう。新しい環境で、これまでと違う気持ちで働けるかどうか。お飾りではなく、会社で戦力として使えるかどうかを試されたのです。

「二度目の面接の席で、ソフトバンクコマース＆サービスという会社の役員に『江尻さん、ここ、ITの最先端の仕事をするところだけど、大丈夫？』と言われました。私は会社の業務内容について詳しくなかったのですが、『大丈夫です。最先端なら大丈夫です！』

と即答しました。本当に最先端の部署ならば、専門家の人も同時に勉強しなければならないということでしょう？　私は勝手にそう解釈しました」

2015年2月、江尻さんはめでたく就活に成功し、ソフトバンクコマース&サービスで働くことになりました。

37歳にして、プロ野球選手から世界的なIT企業のビジネスマンに転身することができたのです。

「面接のとき、反射的に「大丈夫です」と答えましたが、実際に仕事をしてみて私の考えが間違っていないことがわかりました。同じ部署の人はそれぞれにキャリアを持っていますが、目の前で起こる新しいこと、これから起こるであろうことに対してはみんなが初体験。同じタイミングで学ぶことが多いのです。

新しいサービス、新しい商材に関して、私の意見も尊重してもらっています。すばらしい環境で迎えてもらったことに感謝しています」

デジタルの力でスポーツ業界の収益を上げたい

最初は基本的なビジネスマナーを覚えるまで少し時間のかかった江尻さんでしたが、ビジネスマン2年目を迎え、自分なりの仕事の進め方、新しい展開について考えるようになりました。

「私はいま、スポーツ業界向けにいろいろと働きかけています。スポーツ業界をもっとデジタル化して収益を上げることができないか。インターネットでもっとチケットが売れる仕組みを作れないか、グッズ販売を多角的に展開できないか、と。

私は13年間プロ野球の現場にいたので、球団のスタッフの苦労も少しはわかっているつもりです。あれだけみんなが一生懸命に働いているのだから、もっともっと収益が上がっていいはずです。労力は少なく、収益は大きく。デジタルマーケティングを有効に使うことによって、可能性はもっと広がっていくと思います」

江尻さんは「プロ野球でお世話になった」という思いがあるからこそ、「自分が役に立ちたい」という強い気持ちを持っています。

北海道、横浜、福岡と3つの球団でプレイしたことは大きな財産です。江尻さんは、その都市、その球団に合ったやり方でファンを増やそうと試行錯誤《しこうさくご》していることを知っています。

2015年は、プロ野球12球団が2432万人ものファンをスタジアムに集めました。「もっともっと稼げるプロ野球になってほしいと思っています。昔はテレビ局に支えられた放映権ビジネスが基盤になっていましたが、地上波放送が激減したいま、もうそのモデルは通用しません。これからの日本のプロ野球を考えたときには、デジタルマーケティングが大きなカギになると思います」

江尻慎太郎という人間にどれだけ価値があるか

ビジネスの現場で、自分の考えや思いをそのまま伝えることは簡単ではありません。ましてや、サービスを提供してお金を得るための交渉となれば、交渉術も営業トークもスキルも重要です。

「もともとトークの部分は選手のころから苦手ではありませんでした。シーズンオフには北海道の各地をサイン会で回り「オフはエース級、ダルビッシュ級の働きだな」と言われていましたから(笑)。

営業スキルに関してはいつも難しさを感じていますが、大切なのは「自分がいかに気に入ってもらえるか」ではないかと思います。そのためにどうするかと、いつも考えています。いまは情報があふれていて、サービスの内容も価格も丸わかり。選ぶ側がいくらでも自由に選択できます。「ここだけの話なんですけど……」は通用しません。そうなれば、誰がお勧めするかが大事なポイントになるでしょう。だから、江尻慎太郎という人間がお客さまにとってどれだけ価値があるか、有益であるかをアピールするようにしています」

仕事で身につけた営業スキルは、プロ野球解説の場でも役に立っています。選手に話しかけるタイミング、聞くべき内容を気にするようになりました。

「試合前の選手たちは取材に対してナーバスになっています。私もその気持ちがわかりますから、練習を邪魔してはいけないと思いますが、それでも話を聞かなければいけない場面があります。そのときの切り込み方、話し方、短い時間で聞きたいことを聞く技術が身についてきたように思います。「1分だけ、時間いい?」と言いながら、さっと切り込みます」

ひとつの世界でがんばった人は次の場所でも活躍できる

もうひとつ江尻さんの頭の中には、プロ野球選手のセカンドキャリアの問題があります。球団のコーチやスタッフになれるのはほんのひと握り。テレビ局や新聞社と専属契約を結べるのはスターの中のスターだけです。毎年、新人選手の数だけ球団を去る選手がいますが、彼らの働き場所はなかなか見つかりません。

「プロ野球選手が羽ばたける仕組みを作れたらいいなと考えています。プロ野球ほど稼げて魅力のある職場はありませんから、次の世界で生き生きと働くことは難しいかもしれません。それまで野球にすべてを注ぎ、ほかのことを犠牲にしてきた人ばかりですから。引退したプロ野球選手が会社や組織から求められるような状況を作りたいと思っています。そのためには選手たちの意識を変える必要があるでしょう。

すぐに自分に合った仕事を見つけられるケースは本当に稀だと思います。だから、しっかり現役のころから契約金や年俸を貯めて、引退後に備えてほしい。2年分くらいの生活費があれば、選択肢は広がるはずです。

プロ野球選手を引退したらアイデンティティを失って無力感を覚えるかもしれません。30歳を過ぎてから知らないことを学ぶのは大変です。でも、プロ野球の世界でがんばってきた人なら、新しい場所でも活躍できると信じています。そのための仕組みを考えていきたい」

退路を断って自分を変えようとする姿は美しい

「自分を変えろ」と言われても、ほとんどの人はどうしていいかわかりません。新しい場所に移ることも、昨日までと違うことをやるのも怖い。でも、同じことを同じようにしていては進歩がありません。

あのとき、コーチのひと言でピッチングフォームを変えた江尻さんは、自分を変えることの難しさも重要性もよくわかっています。

「プロ野球選手でもよくいるのですが、本人はすごく勇気を出して変えたつもりでも、まわりから見たらほとんど変化を感じない場合があります。少しフォームを変えても、うまくいかないからと言って、すぐに元に戻してしまうことも。これではまったく意味がありません」

2007年に日本ハムがリーグ優勝を果たしたときにヘッドコーチだった白井《しらい》一幸《かずゆき》さんの言葉を江尻さんはよく覚えています。

「右バッターが左で打つくらいの覚悟で、変えないとダメだ」

変えようと心を決めたら、徹底してやるべきだという教えです。

「うまくいくかどうかわからないけど、退路を断って自分を変えようとする姿は美しいと思います。崖っぷちにいるプロ野球選手ががんばる姿はすばらしい。それまで自分がやってきたことを捨てるのは大変ですが、そこでどれだけ我慢できるか。

もし私が大学時代に30勝していたら、プロではもっと苦しんだと思います。過去の成功が大きすぎて、ピッチングフォームを変えることは難しかったでしょう。しかし、私は早稲田大学で5勝しか挙げていません。だから、プロ野球というより高いレベルで壁にぶち当たったとき、変わることをためらわなかったのだと思います。ピッチングフォームを変えることを決めるまでにかけた時間は2時間でした」

アマチュア時代に輝かしい成績を残してプロ入りしながら活躍できない選手は、変わる勇気が足りないのかもしれません。

「プロ野球には『コーチに潰《つぶ》された』と嘆《なげ》く選手がたくさんいますが、これはカッコ悪い。コーチに何かを言われて消えてしまう程度の実力しかないと自分で宣言するようなものではないでしょうか。アマチュアとプロは別の世界なのですから、過去の成績もやり方も通用しないと考えたほうがいい。自分のキャリアや栄光を振り払うことは難しいし、大変な作業だと思います。

私もいろいろなコーチに指導を受けましたが、コミュニケーションが大事だと思います。結局、最後は自分です。指導されたことをどう生かすかは自分次第です」

江尻さんにとって、白井コーチは特別な存在でした。

「白井さんは『俺の言うことは聞くなよ』と言うのです。もちろん、『聞くな』という意味ではなくて、「鵜呑《うの》みにするな」ということです。「俺の言うことを鵜呑みにするようでは、一流のピッチャーにはなれないぞ」とよく言われましたが、そんなことを言ったのは白井さんだけでした。やり方はいろいろあるけれど、自分で正解を見つけろというメッセージだと私は受け取りました」

業界の最先端で奮闘する江尻さんはこれからもきっと「昨日と同じ」ではいられないでしょう。

何を変えて、何を変えないか。

この難題を胸に抱えながら、江尻さんはビジネスの現場で変わり続けることでしょう。

やりたくなくなるまで野球をやり切る

河原純一（かわはら・じゅんいち）

1973年神奈川県生まれ。神奈川県立川崎北高校→駒澤大学→読売ジャイアンツ→西武ライオンズ→中日ドラゴンズ→愛媛マンダリンパイレーツを経て、現在、広告会社の星企画株式会社に勤務、「モアベースボールプロジェクト プロジェクトリーダー」として活躍。

1960年代からほんの10年くらい前まで、プロ野球はいつもテレビの主役でした。読売ジャイアンツ（巨人）のほとんどの試合は生放送され、高い視聴率を誇っていました。長嶋茂雄監督が「国民的行事」と語った1994年10月8日の巨人対中日ドラゴンズのリーグ優勝のかかった一戦は、48・8パーセントもの視聴率を記録しました。しかし、現在ではプロ野球の公式戦を地上波で見ることは珍しくなってしまいました。

昔はテレビのチャンネル権を持つ野球好きの父親のせいで好きな番組が見れないと嘆《なげ》く子どももたくさんいました。親父の存在感もプロ野球のテレビ中継もなくなってしまったいまではそんな光景はあまり見られません。

昭和の半ばから平成のはじめまで、巨人の選手たちはみんなスターでした。常勝を義務づけられた球団はいつも次代のスーパースターを発掘し、育成する役目を負っていました。だから甲子園のスターをドラフトで指名し続けたのです。

たとえば、1974年の甲子園でアイドルとして騒がれた定岡正二《さだおかしょうじ》さん（鹿児島実業高校）は甘いマスクで巨人でも人気を集めました。東海大相模高校の原辰徳《はらたつのり》さんはのちに四番打者として活躍し、監督としてチームを三度日本一に導きました。「阿波の金太郎」と呼ばれた水野雄仁《みずのかつひと》さん（池田高校）、甲子園に5回出場し二度日本一に輝いた桑田真澄《くわたますみ》さん（PL学園高校）も、1980年代後半から1990年代の巨人投手陣に欠かせない存在でした。

1960、1970年代の野球少年はみんな、甲子園でスターになり、巨人のエース（四番打者）になることを夢見ていました。まさに「野球は巨人」だったのです。

だから、巨人の選手たちは、プロ野球選手の中でも一目置かれていました。他球団でプレイするくらいなら引退すると言う人もいました。実際に、通算51勝を挙げた定岡さんは近鉄バファローズへのトレードを拒否して自らユニフォームを脱いだのです。

巨人の選手であることに意味のある時代がありました。「同じドラフト1位でも、巨人の1位だけは違う」と言う人もたくさんいます。

長嶋監督率いる巨人が「国民的行事」を制し、リーグ優勝、日本一奪回を果たした1994年秋のドラフト会議で巨人から1位指名を受けた河原純一さんは、ファンや関係者から大きな期待を集めたスター候補選手でした。

しかし、高校時代の河原さんはプロ野球選手の夢も、巨人のドラフト1位になる野望も持っていませんでした。神奈川県の公立高校に通う普通の高校生だったのです。

普通の会社員になるために大学へ進学

神奈川県には高校の硬式野球部が200近くあり、日本でも有数の激戦区です。東海大相模高校や横浜高校、慶應高校など全国優勝経験のある強豪が集まっています。河原さんが通う川崎北高校は甲子園を狙えるチームではなく、エースがどれだけ奮闘しても甲子園には届きませんでした。

ドラフト1位候補として河原さんの名前が挙がったのは、駒澤大学に進んでから。キレのいいストレートと落ち着いたマウンドさばきで、四年生のときには「巨人の1位」として注目を集めました。

「甲子園に出ることはできませんでしたが、熱心な監督に指導してもらったおかげで、高校三年のときには私の存在もそこそこ知られるようになっていました。同級生のキャプテンが駒澤大学野球部のセレクションに行くというので、一緒についていきました。駒澤大学がどんなところで、どれだけ強いかも知らないで」

駒澤大学は東都大学野球連盟に所属する強豪。中畑清《なかはたきよし》さん(元巨人)、石毛宏典《いしげひろみち》さん(元西武ライオンズ)、新井貴浩《あらいたかひろ》選手(広島東洋カープ)など名選手を数多く輩出しています。

「駒澤がどれだけ厳しいところなのかもまったく知りませんでした。川崎北高校から大学の野球部に進む人はいませんでしたので「あいつはすぐに逃げ出すぞ」と高校の先輩たちには思われていたようです。プロ野球選手になろうと思ったことはありません。普通の会社員になりたくて、大学に行こうと考えました。野球の技量を認められて進学できるならそれでいいと思ったくらい」

当時の駒澤大学野球部は練習も上下関係も厳しいことで知られていました。全国から腕に覚えのある野球エリートが集まり、切磋琢磨《せっさたくま》していました。

「厳しい環境に飛び込み、「ほかのピッチャーに負けたくない」という気持ちで練習をしていました。目の前のハードルを少しずつクリアしながら、進んでいきました」

河原さんが入学したときの四年生に若田部《わかたべ》健一《けんいち》さん(元福岡ダイエーホークス)、三年生に鶴田泰《つるたやすし》さん(元中日ドラゴンズ)がいました。

「すごいピッチャーと一緒にプレイして、「もしかしたら自分も」と思うようになりました。ただ、「どうしてもプロ野球選手になりたい」という強い気持ちはありませんでしたし、プロ野球を職業としてとらえていませんでした。考えていたのは、できればずっと野球をしていたいということだけ。中学、高校、大学と野球を続けているうちにレベルが上がり、うまい選手に「負けたくない」と思ってがんばっている間に、プロ野球が見えてきた感じです」

逆指名で巨人入りも投手陣に隙間なし

駒澤大学での4年間の通算成績は、23勝10敗、防御率1・66。最優秀選手に2回、ベストナインに2回選ばれました。日米大学野球の日本代表に3年連続で選出されるほどのピッチャーに成長したのです。長嶋監督が指揮をとるスター軍団にふさわしいドラフト1位選手でした。当時採用されていた逆指名制度を利用しての入団でした。

しかし、これだけの実績を持つ河原さんでも、すぐに活躍の場を与えられるほどプロは甘くありませんでした。斎藤雅樹《さいとうまさき》さん（プロ通算１８０勝）、槙原寛己《まきはらひろみ》さん（通算１５９勝56セーブ）、桑田《くわた》真澄《ますみ》さん（通算１７３勝）の三本柱がもっとも脂が乗っていた時代です。ほかにも、宮本和知《みやもとかずとも》さん、水野さん、木田《きだ》優夫《まさお》さんなど投手陣は充実していました。

「新人のピッチャーが入る隙間《すきま》はどこにもありませんでした。私は5月いっぱいまで二軍にいて、「ゆっくりやってていいよ」という感じでした。長嶋監督にも「ケガのないように」と言ってもらって。二軍で登板したら、ストレートにめっぽう強いバッターがどのチームにもいて、カンカン打たれました」

大学時代に3年連続で日本代表に選ばれた河原さんも、いきなりプロの壁にぶつかりました。これまで三振を奪ってきたストレートが軽々と打ち返されてしまったのです。

「自分の投球スタイルには自信を持っていましたが、二軍でこんなに打たれるんだったら、一軍ならどうなるんだろうと不安になりました。技術的なこともコーチからいろいろ指摘されて、自分を見失いました。アドバイス自体は間違ってはいなかったと思いますが、数年経ってから、人の意見を聞きすぎたかもしれないと思いました」

足りなかったのは自分のやり方を押し通す強さ

何を変えるのか、何を変えないのか。

河原さんも成果が出ないルーキーのひとりでした。難しい課題を抱えたあげく、コーチのアドバイスを聞くことを選択したのです。

「私はすごく器用だったので、コーチに言われたことはすぐにできました。「やれ」と言われた通りにやって……少しずつ何かが崩れていったような気がします。いま振り返ってみれば、大学時代のピッチングが認められてドラフト1位で指名されたのですから、二軍で少しくらい結果が悪かったからといってジタバタする必要はありませんでした。コーチのアドバイスでも聞き流すことができればよかったのですが……自分のやり方を押し通す強さが足りなかったのかもしれません。

プロ野球は、「自分」を持っている人だけが生き残る世界。まわりに影響を受けたり、他人に気を遣いすぎたりする人は生きにくい。特に巨人ではそうだと思います」

アドバイスを素直に聞くことは、普通の世界では正しい。ところが、プロ野球では必ずしもそうではありません。命令を無視してでも自分を守ることが、ときには必要なのです。優しさや気遣いが弱さにつながることもあります。

「ピッチャーのリズムが悪いと野手が点を取ってくれないとよく言われます。それを気にしすぎて自分のピッチングができなくなる人もいます。逆に、そういうことに無頓着《むとんちゃく》な人もいますが、小さなことを気にしないピッチャーのほうが結果的にうまくいくのかもしれません」

上下関係の厳しい大学時代を過ごした影響か、河原さんはチームメイトの顔色が気になるタイプでした。いつも表情を変えずポーカーフェイスで投げていましたが、心の中ではいろいろなことを考えていました。

「優しすぎる人にとって、プロ野球は難しい世界かもしれません。私はプロ1年目の6月に一軍に上がり8勝をマークしましたが、手応えのようなものはありませんでした」

絶好調で迎えた4年目のシーズン直前に悲劇が……

プロ2年目の1996年は開幕からローテーションに入ったものの、すぐに右ひじを痛めて戦列を離れ、わずか9試合の登板に終わりました。そのオフに右ひじの手術を行い、1997年は中継ぎに回りました(25試合に登板して2勝1敗1セーブ、防御率2・60)。オフにハワイのウインターリーグで投げ、万全を期して臨んだ1998年シーズン。開幕前に選手生命を脅かす故障に見舞われてしまいました。

「肩にもひじにも痛みを感じることがなく、「今年こそ」と思っていたのですが、シーズン直前の練習で肩を痛めてしまいました。試合形式でバッターと対戦するシートバッティングで、カーブを投げた瞬間に右肩が飛びました。「痛っ」と思ったときにはもう遅かった。練習が終わって風呂で肩を温めて、しばらくしてもまだ痛い。次の日に起きたときには腕が上がらない状態でした。4、5日経っても痛みは取れません。それ以降、万全の状態で投げたことは一度もありません。調子のいいときで70くらいだったと思います」

先発投手として期待された河原さんは方向転換を迫られました。1試合で多くの球数を投げることが難しくなったため、試合終盤の抑えに回ることになりました。

「もし肩を痛めていなければ抑えをすることはなかったでしょう。練習はじめのキャッチボールの時点で痛くて……それを我慢しながら、距離を伸ばしていって、どこかで「うりゃ！」と踏ん切りをつけないとまともな投球ができません。毎日毎日、それの繰り返し。1イニングだけ投げる抑えしか生きる道は残されていませんでした」

2002年に就任した原監督によって、河原さんは抑えの切り札として起用されました。49試合に登板して、5勝3敗28セーブ、防御率2・70という成績を残し、リーグ優勝、日本一に貢献しました。

「原監督に働き場所を与えてもらって感謝しています。でも、自分に抑えが向いているかどうかと考えると、向いていなかったと思います。長いイニングを任される先発型だったかもしれませんが、それを主張できる状況ではありませんでした。与えられた役割をまっとうすることだけを考えて投げました。

私は力投タイプではないのですが、抑えに回ると力投しなければならなくなるのです。1イニング限定なので、後悔したくない。自分とまわりを納得させることを考えると、ゆるいボールは投げにくい。もしそれを打たれたら「どうして速い球で勝負しなかった?」と思うかもしれない。打たれたくないからだんだん窮屈《きゅうくつ》になって、自分を苦しめるようになりました」

26歳のとき肩に激痛――もう昔のボールは投げられない

肩を痛めたとき、河原さんはまだ26歳。ドラフト1位指名を受けた河原純一というピッチャーは姿を変えていったのです。

「私の場合、肩の腱板《けんばん》が半分くらい切れていました。全部断裂したわけではないので、まわりの筋肉を鍛《きた》えること、肩に負担のかからないフォームに変えることで、なんとか投げられるようになったのです。26歳からはずっとごまかしごまかしで、もう昔と同じボールを投げることはできませんでした」

ここで河原さんの器用さがいい方向に作用しました。痛くないフォームでそれなりのボールを投げるピッチャーにマイナーチェンジすることに成功したのです。

「自分らしいピッチングはもうあきらめました。完治しない肩で、悪いなら悪い状態でどうやってバッターを打ち取るか、それを徹底して考えました」

最高の状態で勝負に挑むのもプロなら、万全ではなくても全力を注ぐのもプロです。河原さんは過去の自分と決別し、いまを懸命に生きることを選択しました。

「プロとしては不十分な肩でその後も投げ続けることができたのは、アマチュア時代にピッチングの基礎をしっかりと固めることができていたから。比較することはできませんが、ほかの人なら投げることができないほどひどい状態でした。痛みがあっても、『投げろ』と言われたところで投げるしかなかったのです」

いつも冷静沈着、ポーカーフェイスだったからか、まわりに肩の状態を知られることはありませんでした。言い訳しないのも、またプロです。

「おそらくまわりの人は肩が治ったと思っていたでしょう。でも、実際はそうではありません。スタッフやコーチにもそう言うわけにはいかないので、歯がゆい思いをしていました。正直、『俺はこんなもんじゃない！』という気持ちはありました。

痛いと言ったところで何も解決しません。いまの状態でのベストを探すしか方法はありませんでした。どのくらい痛いかは本人にしかわかりません。プロ野球選手なら誰でもどこかに古傷を抱えているもの。だから、肩のことはキャッチャーにも言いませんでした」

先発に再転向しても期待に応えられず

２００３年は23試合に登板して０勝３敗７セーブ、防御率９・41、２００４年は13試合の登板に終わりました（０勝１敗２セーブ）。その後、西武ライオンズにトレードに出されることになりました。

巨人での10年間の成績は、25勝24敗40セーブ。１９９４年のドラフト１位はこれだけの数字を残してチームを去りました。

「西武では伊東勤《いとうつとむ》監督にまた先発投手として起用してもらいましたが、このときはマイナーチェンジに苦労しました。長く抑えに回っていたので、マウンドに上がったらどうしても力投してしまうのです。力を抜いて軽く投げることができず、正面からバッターに向かっていって打ち返されることが増えました。抑えだったころの癖で、１点もやりたくないと思ってしまって……西武に移籍したとき、監督をはじめいろいろな人に期待してもらったのに、それに応えられなかったことは残念でした」

移籍１年目の２００５年は19試合に先発して２勝11敗。オフには右ひざの手術を受けました。２００６年は一軍登板なし。２００７年には二度先発したものの０勝に終わり、シーズンオフに戦力外通告を受けました。

河原さんは２００８年、どこの球団にも所属せず、右ひざを治すことに専念しました。練習場所は母校の駒澤大学野球部のグラウンドでした。10月に中日ドラゴンズの入団テストを受け、プロ野球の世界に戻ってきました。

「西武にいたとき、右ひざの前十字靭帯《ぜんじゅうじじんたい》を切って手術しました。「これが完全に治ればもう一度やれる」と思っていたので、とにかく完治させようと。治ったとしても私を獲得してくれる球団があるかどうかわかりません。このときはもう、35歳。だから、もう一度、もう１年だけやりたいと考えていました。１年間はトレーニングに専念すると決めたので、迷いも雑念もありませんでした。やると決めたらやるだけです」

1年間の浪人生活を経て入団した中日で完全復活

2009年5月、2年ぶりに一軍昇格を果たしました。中継ぎとして僅差《きんさ》の試合にマウンドに上がり、44試合登板、3勝0敗15ホールド、防御率1・85という成績を残し、完全復活を果たしました。2010年は4試合の登板に終わりましたが、巨人とのクライマックスシリーズと千葉ロッテマリーンズとの日本シリーズで5試合登板しました。

2011年は30試合に登板し、1勝4敗10ホールド、防御率2・66。クライマックスシリーズ、日本シリーズでもマウンドに上がりました。しかし、このシーズン限りで戦力外通告を受け、中日のユニフォームを脱ぐことになりました。

「中日の落合博満《おちあいひろみつ》監督の野球は私の野球観にぴったり合っていました。バッテリーを中心とした守りの野球、豪快さよりも緻密さを大切にする野球ですね。私はプロに入るまで、攻撃よりも守備を一生懸命に練習して1点を守るチームでずっとプレイしていました。細かい守りの野球が染みついていたし、守りのチームが強いと思っていました」

このとき、河原さんの頭には引退の2文字がちらつきました。

中日でクライマックスシリーズ、日本シリーズにも登板した
©時事

「いくら私がやりたいと思っても、契約してくれるチームがなければ仕方ありません。でも、「まだまだ投げられる」「チームの力になれる」と思っていたので引退はしたくありませんでした。でもやっぱり、39歳という年齢はネックになったでしょうね」

残念ながら、その年の日本シリーズで投げていたピッチャーを獲得しようという球団は現れませんでした。唯一声をかけてくれた独立リーグ(四国アイランドリーグplus)の愛媛マンダリンパイレーツと契約を結びました。背番号は70。

「独立リーグに関する知識はまったくありませんでした。もちろん存在は知っていましたが、中身は何もわからない。自分がプレイすることになるとは思ってもいませんでした。最初はNPB(日本野球機構)の球団でと考えていたのですが、トライアウトのあとで真っ先に連絡をくれた球団だし、これも縁だと考え、愛媛に行くことを決めました」

前にも述べましたが、独立リーグはプロ野球のカテゴリーにはあるものの、設備や待遇の面では恵まれていません。

「野球のレベルは置いておいて、私には環境がハードすぎました。他県にあるスタジアムまではバスで移動するのですが、40歳の体にはこたえました。何時間もバスに揺られてスタジアムに着いたら、体がまったく動かない。試合が終わったらまたバスで移動するため、次の日には体が固まっていました。試合後に宿泊しないでバスで揺られながら寝るのはつらかったですね」

10代、20代前半の若い選手ならまだしも、晩年を迎えたベテランには厳しすぎる環境でした。

2013年は12試合に登板して4勝3敗、防御率4・70、2014年は10試合に登板して2勝3敗、防御率3・28。2015年は肩痛のために練習生に降格し、1試合も登板せず引退することになりました。

最後まで野球をやり切ったから未練はない

大学を卒業して巨人に入団し、巨人から西武、西武から中日、そして独立リーグでプレイした河原さんにとって、巨人という球団はやはり特別でした。

「ドラフト1位だからと言って特別なプレッシャーは感じませんでしたが、ほかの球団と比べると注目度は全然違いました。私が抑えをしているとき、サヨナラ負けでもしようものならきついヤジも飛んできましたし、厳しい記事も書かれました。いいときはいいけど、悪いときはひどい言われようです。だから、巨人でずっといい成績を残すのは大変だと思います。

チームとして考えても、常勝が求められる巨人軍では特に投手陣の消耗が激しい。それでも力を発揮するのが本当のスターなのかもしれません。人気球団には人気球団のよさと大変さがあるのです」

巨人から放出されたのは32歳のときでした。40歳を過ぎても投げていることをあのときの河原さんは想像したでしょうか。

「私は最後の最後まで、「もうやりたくない」と思うまで野球をやり切りたいと考えていました。故障続きだったので、大変と言えば大変でしたが、故障したから投げられなくなるというのは情けないと思っていました。スピードがなくなっても、体力が落ちても、まだまだやりようがある、と。だから「バッターを抑えられません」とは言いたくありませんでした。

そういう意味では、「もうやりたくない」と思うまで野球をやり切るという目標をかなえることができました。もう野球に対する未練はありません」

ユニフォームを脱いで子どもたちの育成を

2016年1月、河原さんはマンダリンパイレーツの球団社長が経営する広告会社に就職し、「モアベースボールプロジェクト プロジェクトリーダー」として活動しています。20年も着たユニフォームではなくスーツ姿で。

「私が長くプロとしてプレイできたのは、子どものころから受けた指導がよかったからだと思います。野球を始めた小学生のころに教えてもらったことが先々になって効いてきます。だから、その年代の子どもたちの役に立てればと考えています。

いまの子どもたちは場所の関係で、遊びが限られています。運動能力の部分で昔とは差があるかもしれません。子どもたちの体力や運動能力に合った教え方があると思います」

高校の硬式野球部は全国で4000校あまり。夏の甲子園に出場できるのは49校だけです。プロ野球選手になれるのは年に100人程度。勝つことだけが野球の目的ではありません。

「目の前の課題をしっかりとらえて、それをひとつずつクリアする習慣、そのための方法を、子どもたちに身につけさせてあげたい。大きな目標を持つことも大事ですが、そればかり見ていたら挫折してしまうかもしれません。

プロ野球選手になりたいと思っても、なれない人がほとんどです。最終的にはユニフォームを脱いで社会に出ることになるのですから、常識は必要ですし、協調性もなくてはいけません。いくら野球が上手でも社会で通用しない人になってもらっては困ります」

グラウンドでプレイするのは選手ですが、チケットを売ったり、試合の宣伝をしたり、企業に広告営業をしたり、プロ野球はユニフォームを着ていない人たちの手によって支えられています。

「私も若いころはあまりそう感じていませんでしたが、いろいろな球団でお世話になるうちに、多くの方のおかげでプレイできていることがわかりました。私は少し野球がうまかったから長く野球を続けられただけで、それが偉いとは思っていません。プロ野球選手でなくなったら河原には価値がないと言われたら寂しいですよね。野球に関する仕事しかできないかもしれませんが、「野球をするのはうまかったけど教えるのはヘタだな」と言われたくありません」

子どもたちがキャッチボールをしようとしても、ほとんどの公園でボール遊びは禁止されています。テレビの地上波でプロ野球の試合を見る機会は激減しました。

「野球のおもしろさに触れる機会が減っていますから、私が子どもたちと接することによって、「野球っておもしろいんだ!」と思ってもらいたい。野球が得意な子はひとつずつ目標をクリアしていって、甲子園やプロ野球を目指してほしいと思います」

巨人のドラフト1位だったことは、これからもずっとついて回ることでしょう。そのプライドを持ちながらも、それに固執しない生き方を河原さんは目指しています。

「ドラフト1位だったことは、大きな武器です。愛媛でプレイできたのも、こうしてユニフォームを脱いでからも仕事させてもらえるのも、そのおかげかもしれません。でも、それだけに頼るのは違うだろうと思っています。過去は過去です」

天才でなくてもプロで活躍できる方法がある

20年近いプロ野球人生のほとんどの時間、河原さんはひじ、肩、ひざなどの痛みと戦ってきました。「もし、あのときこうだったら……」と考えたことはないのでしょうか。

「肩を痛めたときのことだけは思います。プロ4年目のシーズン直前に肩を痛めなかったら、と。痛みを感じることなく投げることができたのは、あの年のオープン戦だけでした。3試合くらいに先発して7イニングくらい抑えました。そのときのピッチングがずっとできていれば、とは思います」

しかし、故障に苦しんだことで得たものもあります。

「肩を痛めたことでベストの状態で投げることはできなくなりましたが、別のことで補って戦うことができました。スピードが出ないのならボールのキレで、ボールのキレが悪いのなら配球で。それでもダメなら、気迫で勝負すればいい。100パーセントではない状態でどう戦うか、メンタルの鍛え方、コンディションの整え方など学ぶことが多かったので、これからの指導に役に立つと思います」

プロ野球は並み外れた運動能力と野球センスを持った天才が集まるところだと思いがちですが、そうではない人もすばらしい成績を残しています。

「本当に天才と言える人は、プロのチームでもひとりかふたりでしょう。田中将大《たなかまさひろ》投手(ニューヨーク・ヤンキース)や大谷翔平《おおたにしょうへい》投手(北海道日本ハムファイターズ)みたいな選手はプロでも特別な存在です。でも、それ以外は、似たようなレベルで競り合い、しのぎを削っているのです。どうにかして他人よりも先に行きたい、そこから抜きん出ようともがいています。その競争を勝ち抜いた選手だけが次の1年、またプレイすることができるのです。みんな、その積み重ね。その日、負けたからといって尻尾を巻いて逃げるわけにはいきません。失敗しても次に挽回すればいいのです。

どうすればいいのかについて、私にはいくつも引き出しがありますので、それを子どもたちに教えてあげたいと思っています。習慣と心構えは本当にすごく大切です」

河原さんは自身が中心となる「モアベースボールプロジェクト」で、マンダリンパイレーツの選手とともに、愛媛県内の私立幼稚園や小学校を回っています。ティーボールなどをベースとした簡単なボール遊びを通じて、園児に野球の楽しさを伝えたり、ボールの投げ方などの基礎を教えることで、小学生のソフトボール投げ(スポーツテスト)の記録向上を目指したり。ピッチングクリニックやフィジカルトレーニングの講演会を行って、地域のスポーツ環境がもっと向上すればいいと考えています。

かつて野球王国と言われた愛媛ですが、甲子園では代表校がなかなか勝てません。それと比例するように、愛媛県出身のプロ野球選手も減りました。

王国復活のためには、子どもを指導する人材がまだまだ必要です。河原さんの指導を受けた選手が甲子園に出たり、プロ野球選手になったりするのはまだまだ先のことでしょう。目立たないけれど大切な役割を、河原さんは背負っているのです。

暗黒時代の阪神の絶対エース

藪 恵壹(やぶ・けいいち)

1968年三重県生まれ。和歌山県立新宮高校→東京経済大学→朝日生命→阪神タイガース→オークランド・アスレチックス→ティファナ・ポトロス→サンフランシスコ・ジャイアンツ→東北楽天ゴールデンイーグルスを経て、現在、野球解説者。

80年以上の歴史を誇る日本プロ野球界で通算200勝以上を挙げたピッチャーはわずか26人、通算2000本安打を放った野手は47人しかいません(日米通算を含む)。彼らは間違いなく超一流のプロ野球選手と言えるでしょう。

しかし、これほどまでの数字は残せなくてもタイトルを獲得したり、数年間だけすばらしい成績を残したりした選手はたくさんいます。

記録よりも記憶に残る選手の評価は難しいものです。

どんなに弱い球団にもエースと呼ばれる人はいます。しかし、いくら抑えても勝利を積み重ねることができないピッチャーの評価もまた難しい。最近でこそ、防御率(1試合を投げ切ったとしたら何点に抑えられるか)やクオリティスタート(QS=先発投手が6イニング以上を投げ、かつ自責点3以内に抑えること)が注目されますが、勝利数だけが評価される時代がありました。

昔は、何勝できるかがピッチャーを評価する一番重要な数字だったのです。

しかし、いくらピッチャーが好投しても打線が点を取れないときもあります。せっかくリードしていても抑え投手が打たれてしまうことも。

阪神タイガースは読売ジャイアンツと並ぶ人気球団ですが、1990年代は長い低迷期のど真ん中にいました。1985年に21年ぶりのリーグ優勝を飾ったあとにまた勝てなくなりました。1990年と1991年は最下位。1992年は優勝争いに加わりながらも2位。1993年からは10年連続でBクラスに沈みました。あの名将・野村克也《のむらかつや》監督が指揮をとっても3年連続の最下位という惨《みじ》めな成績が続いたのです(1999～2001年)。

1993年ドラフトで阪神から1位指名を受けた藪恵壹さんは、名門の救世主になることを求められていました。もちろん、エースナンバーである背番号18を与えられて。

しかし、藪さんはエースとしての重責をひとりで背負わされ、つらく厳しい戦いを強いられました。

暗黒時代の阪神の絶対エース

プロ1年目の1994年は9勝9敗、防御率3・18。1995年は7勝13敗、防御率2・98、1996年は11勝14敗、防御率4・01という成績でした。95年と96年はいずれもリーグ最多敗戦。誰よりも負け数の多いピッチャーだったのです。

もし藪さんが毎年優勝争いをする強いチームに入っていたら、勝利数はもっと伸びていたでしょう。もしかすると200勝を狙えるピッチャーになっていたかもしれません。しかし、そんな名誉よりも別のものを藪さんはのちに目指すことになります。

ベテランになってからプロ野球選手の新しい可能性を示すことになる藪さんの野球人生を高校時代から振り返りましょう。

暴力事件で出場停止処分を受け空白の1年間

人気球団のドラフト1位指名を受けた藪さんですが、アマチュア時代に華やかなキャリアがなかったため、日の当たる場所に出ることはありませんでした。新宮高校(和歌山県)時代に甲子園出場はなし。1年間の大学浪人を経て入学した東京経済大学は首都大学野球連盟の2部に属するチームでした。大学卒業後に社会人野球の朝日生命に入社しましたが、ここも名門ではないため、この時点でも藪恵壹という名前は野球ファンにもあまり知られていませんでした。

「新宮高校のふたつ先輩に山崎慎太郎《やまさきしんたろう》さん（1984年ドラフト3位で近鉄バファローズへ）がいました。あのレベルになればプロから指名されるという基準ができたことは自分にとってプラスになりました。ただ、私には大学に行きたい、できれば東京六大学でプレイしたいという気持ちがありました」

山崎さんは新宮高校を卒業後、プロ3年目の1987年から一軍で登板し、1988年には13勝を挙げました。福岡ダイエーホークス、広島東洋カープ、オリックス・ブルーウェーブで活躍し、プロ通算で87勝をマークした好投手です。

「同じ和歌山県の箕島高校に嶋田章弘《しまだあきひろ》さん（1984年ドラフト1位で阪神へ）、杉本正志《すぎもとまさし》さん（1984年ドラフト1位で広島へ）というういいピッチャーもいました。ふたりともボールが速くてスライダーのキレがすごい。バットにかすりもしない感じでした。「プロ野球は、こういう人たちが行くところなんだな」と思いました」

藪さんが入学した新宮高校は和歌山県を代表する強豪校のひとつ。当然、練習も上下関係も厳しい。二年生の夏と秋の大会は、暴力事件が発覚して出場停止処分を受けました。甲子園を狙えるチームが予選にも出られない悲劇……藪さんの野球人生は一気に暗転しました。

「練習も練習以外の部分もきつかったので、30人の新入部員はすぐに10人に減りました。二年生の6月から翌年の6月まで出場停止を受けたため、練習試合もすることができず、ただただ練習だけ。目標も何もない、悪夢の1年間でした。高校生のうちに甲子園に出られるチャンスは5回しかないのに、2回は出場停止。それも自分たちが二年になってからですから。

練習はできても、対外試合は禁止なので、精神的にはきつかったですね。勉強もしていたはずですが、まったく頭に入らず……気持ちを切り替えられたらよかったのでしょうが、高校生では無理でした。まったくいい記憶のない、実りのない時間でした」

処分明けの練習試合で新宮高校の打線は爆発。藪さんは2本もホームランを打ちました。しかし、最後の夏は準々決勝で桐蔭高校に0対1でサヨナラ負けを喫し、甲子園出場の夢は断たれました。

首都大学の2部で活躍しても注目されず

「大学に進んで野球をやろうと思っても、県大会ベスト8の実績しかない私が野球推薦で進学することは難しかったですね。できれば東京六大学でプレイしたいと考えましたが、受験に失敗しました。一応、進学クラスにいたのですが……。もしあのとき甲子園に行くことができていたら、野球を続けることはなかったかもしれません」

1年間の浪人生活を送った藪さんは東京経済大学に合格し、野球部に入りました。

「東京経済大は首都大学野球連盟の2部に属していて、あまり野球の強いところではありませんでした。たまたま、和歌山県出身の先輩がたくさんいて、楽しく野球ができました。私が入学したころの野球部には4学年合わせて16人くらいしか部員がいなくて、紅白戦もできないくらい。リーグ戦がない時期にはみんなでアルバイトをして、合宿費用を稼いでいました。深夜のダクト掃除はけっこういいお金になりました(笑)」

1年間のブランクはあったものの、藪さんは一年生の春からマウンドに上がりました。毎シーズン確実に勝ち星を挙げ、通算36勝をマークしました。

「大学のリーグ戦は先に2勝したチームが勝ち点をとるシステムなので、いつも初戦に勝って、2試合目に負けて、3戦目に投げていました。三年生のときの成績が一番よくて、春6勝、秋8勝でした。通算では36勝12敗。いつもいいところまで行くのですが、1部に昇格することはできませんでした」

いくら活躍しても2部のチームのエースが脚光を浴びることはありません。当時の藪さんが目指していたのは、大学卒業後に社会人のチームで野球をすることでした。

「プロは置いておいて、社会人野球に進むことを目指していました。バブルの終わりころだったので、まだ景気がよく、野球部を持っている企業もたくさんありました。いくつかの会社に誘ってもらいましたが、結局、朝日生命でお世話になることになりました。

プロからも声はかかっていたのですが、自分としてはまだ力が足りないと感じていました。当時、社会人野球は金属バットを使っていたので、そこでどれだけ通用するのかを試してみたかったのです」

社会人野球で5キロ球速アップ、縦の変化球も覚えた

プロ野球選手に劣らない打力を持つ強打者が金属バットを持って立ち向かってくるのですから、ピッチャーはたまったものではありません。それまで力で相手をねじ伏せてきた藪さんもやり方を変えざるをえませんでした。

「私はストライクゾーンで勝負するピッチャーだったのですが、もうおもしろいくらいにカンカン打たれました。バッターが10点取っても、ピッチャーが10点取られるような乱打戦ばかり。そんな中で、ストレートを磨き、空振りを取れる変化球を身につけるという課題を見つけました。社会人でプレイした2年間でストレートのスピードは5キロくらい速くなりましたし、縦の変化球をうまく使えるようになりました。社会人で打たれたことで、金属バットを持つ強打者を打ち取る投球スタイルを身につけることができました」

朝日生命は2年連続で都市対抗の東京予選で敗れましたが、藪さんは熊谷組の補強選手として東京ドームのマウンドに立ちました。それでも、まだ注目度は上がりません。しかし、阪神のスカウトは藪さんの成長をしっかり見守っていました。

「九州担当の渡辺省三《わたなべしょうぞう》さんに「間違いなく1位だな」と言っていただきました。もともとは巨人ファンだったのですが、スカウトの方に熱心に誘っていただいたので、阪神にお世話になることに決めました。巨人には強力な三本柱がいましたが、それに比べれば阪神投手陣は少し手薄。働き場所を求めて、阪神に行くことにしたのです」

優勝争いをした1992年の阪神のチーム防御率は2・90(リーグ1位)でしたが、1993年にはリーグ5位の3・88に悪化していました。

「私は大学に入る前に1年浪人し、大学卒業後に社会人で2年プレイしたので、プロ1年目のシーズン中に26歳になります。強いチームでじっくりチャンスを待つ時間的な余裕はありませんでした」

藪さんの目論見通り、阪神では1年目からローテーションに入り9勝を挙げ、最優秀新人に選ばれましたが、勝ち星と同じ数だけ負けました。防御率3・18(リーグ10位)なのに、ふたケタ勝利をマークできなかったのには理由があります。阪神のチーム打率が悪すぎたのです(リーグ5位の2割5分6厘)。

「残念ながら、当時の阪神は打てないチームでした。得点力がないと、ピッチャーはなかなか勝てません。僅差《きんさ》の試合を落とすことがよくありました」

2年目の1995年は27試合に先発して7勝13敗。防御率2・98(リーグ6位)でこの成績はピッチャーにとって厳しすぎます。1試合を3点以内に抑えても、6割以上負けてしまう計算になります。

しかし、藪さんの苦闘はまだ続きます。

1996年:11勝14敗、防御率4・01
1997年:10勝12敗、防御率3・59
1998年:11勝10敗、防御率3・51
1999年:6勝16敗、防御率3・95
2000年:6勝10敗、防御率4・17

「私が入団してからはずっとBクラスが続きました。星野《ほしの》仙一《せんいち》監督の2年目に優勝するまでの8年間で、最下位が6回、5位が1回、4位が1回。あれだけの実績のある野村監督でさえ、3年連続最下位でしたから。打撃陣だけでなく、チーム全体として戦力が足りなかった結果だと思います」

2003年に優勝したあと、安定を捨ててメジャーへ

1995年には野茂英雄《のもひでお》さんがメジャーリーグで鮮烈なデビューを飾りました。日本でも他球団への移籍の権利が与えられるフリーエージェント制が導入されていましたが(1993年〜)、藪さんにはまだメジャー志向はありませんでした。

「同い年の野茂がメジャーの扉を開けてくれましたが、当時は、「自分もメジャーで」とは考えませんでした。プロ10年目の2003年にやっと阪神で優勝できて、ひと区切りついた気持ちになりました。チームには若い選手が育っていたので、新陳代謝《しんちんたいしゃ》が必要だろうと。私はもう35歳になっていました。これから何年投げられるかわからないのなら、メジャーの野球を勉強したいと思いました」

阪神にいれば当然、活躍の場があります。人気面でも待遇面でも、恵まれた野球人生を送ることができたはずです。そうすれば、引退後にコーチやテレビ解説者になるという道も用意されたでしょう。しかし、藪さんは安定を捨てて、メジャーに旅立ったのです。

11 年間プレイした阪神での成績は 84 勝 106 敗　©時事

「自分が育ったチームですから、無理もききますし、居心地も悪くない。でも、メジャーに行きたいという気持ちが強くなりました。やっと優勝して、「恩返しできた」という思いがあったからかもしれません」

2003年、藪さんは8勝3敗で21年ぶりのリーグ優勝に貢献。2004年に6勝9敗という成績を残して、阪神を去ることになりました。11年間の成績は、84勝106敗。阪神の暗黒時代でなければ、もっと勝ち星を挙げることができたでしょう。チームの戦力が充実していれば、勝ちの数と敗戦数が反対になっていてもおかしくありません。

慣れないアメリカのマウンドで新しい技術を習得

藪さんはオークランド・アスレチックスと契約を結び、2005年にメジャーデビューを果たします。日本人としては23人目のメジャーリーガーでした。

「アメリカに行ってすぐに、「もう5年早く来るべきだった」と思いました。こんなにいいところだと想像していませんでした。毎日、スタジアムに行くのが楽しい。だから朝、クラブハウスマネージャーよりも早く行っていました(笑)。野球選手にとって、本当に最高の場所でした。あっと言う間にシーズンが終わりました。

ムダな時間が少ないから、家族との時間が増えました。日本からの駐在員の方と仲良くさせていただくなど、日本ではできないことも経験しました」

メジャー1年目の2005年に、藪さんは40試合に登板して4勝0敗1セーブ、防御率4・50という成績を残しました。

「アスレチックスは、『マネー・ボール』という映画にもなった変わったところ。バントもしないし、盗塁もしない。試合終盤の1点が欲しい場面でやっとバントするのですが、普段やっていないので失敗する、そんなおもしろいチームでした。2002年のサイ・ヤング賞投手のバリー・ジト、2000年の最多勝投手のティム・ハドソン、2001年の最多勝投手のマーク・マルダーなどいい投手が揃っていたので、前半に7、8点バーッと取って逃げ切るのを勝ちパターンにしていました。

私は主に試合中盤から後半にかけて登板する機会を与えられました。苦労したのは、相手の情報がないこと。ヤンキースやマリナーズなら選手の顔と名前が一致するのですが、それ以外はほとんど名前も知りませんし、どんなバッターかもよくわかりません。まったく知らないリーグで戦うことは思った以上に大変でした」

トレードや積極的な新人登用もあり、選手の入れ替わりが激しく、開幕直後とシーズン大詰めの9月ではどこも別のチームのようになっていました。

「当時のアメリカン・リーグにはパワフルなバッターが揃っていました。名前はまだ知られていないけど「すごい!」と驚くような選手が。

バッターのスイングの速さ、ボールの大きさ、マウンドの硬さなど、日本と違って戸惑うことはたくさんありました。マウンドが硬いと下半身をうまく使うことができず、日本と同じ投げ方はできません。いろいろなピッチャーのフォームを見ながら少しずつ改良していきました」

もちろん、メジャーリーガーを手取り足取り指導するコーチはいません。だから、映像を細かく見て、自分で変えていったのです。

「バッターの映像もたくさん見ました。アスレチックスは遅れていて、まだビデオテープでしたが、選手ごとにまとめられているのを徹底的にチェックしました。バットがどの角度で出てくるか、どんなタイミングの取り方をするのか、好きなゾーンと嫌いなゾーンはどこか。ひとりひとり細かく見ていきました。初めて対戦するバッターでも、映像を見ているか見ていないかで結果は全然違います」

たったひとりでネットに向かってボールを投げる日々

2006年はコロラド・ロッキーズと契約を結んだものの、3月にカットされてしまいました。しばらくのブランクを置いて、6月からメキシコリーグのティファナでプレイすることになりました。

「所属チームが決まらなかったときには、週2回くらい大学生を雇ってピッチング。それ以外の日は、バケツにボールを入れて、ネットに向かって投げていました。交渉を任せた代理人の言葉を信じて、ただ黙々とトレーニングをしていました。

6月に外国人枠が空いたという連絡が入り、ティファナというチームに加わりました。クローザーとして起用され、プレイオフまで行きました。ブランクを考えたら、投球内容は充実していましたね。メキシコリーグの情報はまったくありませんでしたが、もう一度メジャーに戻るためには、ここで結果を出すしかありませんでした。

メキシコのボールがまたひどかった……日本のボールは2、3回こねれば投げられますが、メキシコリーグのものは粗雑なのでミカンの皮で湿らせてからでないとダメでした。何にもしなければつるつる滑って投げられません。それでも、野球選手にとっては悪い環境ではありませんでした。その後メジャーで活躍する若い選手もたくさんいて、レベルもかなり高かった」

「打てる!」とバッターに思わせて打ち取る方法

日本でも有数の人気球団で育った藪さんにとって、マイナーやメキシコでの環境が快適だったはずがありません。しかし、日本に戻ることは考えもしませんでした。2007年にはまた所属球団が決まらず、浪人生活を強いられたにもかかわらず……。

「2005年にアメリカに渡ったときには「最後はアメリカで」と考えていましたが、

いい経験をさせてもらいました。メキシコでチェンジアップを覚えたことでピッチングの幅が広がりました。もし、2006年3月にロッキーズに残れなかった時点で帰国していたら、何にもわからなかったんじゃないかと思います」

2007年は、たったひとりでトレーニングを積みました。38歳になっていましたが、引退は考えませんでした。

2007年は松坂大輔《まつざかだいすけ》投手がボストン・レッドソックスと高額契約を結び、アメリカにやってきた年。その陰でひっそりと藪さんはメジャー復帰を目指して、何度もトライアウトを受けていました。

「日本では実績のある選手が入団テストを受けることをネガティブに受け取る人もいますが、アメリカではそんなことはありません。自分のいいところをアピールできる最大のチャンスですから。ジャイアンツだけでなく、いくつもトライアウトを受けました。そのためには、いつでも投げられるようにしておかなければなりません。評価は相手がするものですが、全力でトライアウトに臨めるように準備は怠りませんでした」

2008年から、西海岸の名門サンフランシスコ・ジャイアンツでプレイすることが決まりました。

　アメリカで暮らし、トレーニングをしながら、野球ファンとしてメジャーリーグを楽しむ日々が翌シーズンの飛躍につながるとは想像もしませんでした。ずっとグラウンドでプレイしていた藪さんの視野がパッと広がったのです。

「日本にいたときにはわからなかったいろいろなことに気がつきました。テレビを見るだけで、メジャーの球団のこと、選手の情報がどんどん入ってきます。グラウンドにいるときは目の前のことで必死でしたが、少し引いたところから野球を見たことで発見もありました」

　メジャーで勝てるピッチャーは、沈むボールをうまく使っていました。メキシコで覚えたチェンジアップが武器になると考えたのです。ストライクの高さから落とせばバッターは振ってくれるだろうと。ジャイアンツのトライアウトを受けたとき、フォークボールの握り方を変えるように球団関係者にアドバイスを受けました。教わったやり方を試すと、ボールがストンと落ちます。「これは使える！」と自信を持ちました」

　藪さんは慣れない環境に適応しながら、いろいろな人のアドバイスを受け入れ、武器を増やしていったのです。

「野球は日々、進化していきます。その中で生き残ろうとするならば、技術も刷新し、意識も変えていかなければなりません。私の場合、メジャーからも実戦からも離れていたのですから、昔と同じやり方が通用するはずがありません。野球は、対戦数が増えれば増えるほど、どうしてもバッターが有利になるスポーツです。打たれる確率を減らすためにはどうするかを必死で考えました。どうやってバッターの上を行くか、が大切ですね。

「バッターにストライクが来たと思わせろ」とジャイアンツのピッチングコーチに言われました。「打てる！」とバッターに思わせてボール球を打たせるのが一番いい方法だと教わったのです。プレートの踏み方、ボールの変化のさせ方、バッターひとりあたりの球数を減らす方法など、工夫することはたくさんありました」

人からはムダに見えても自分には大きな財産

2008年4月14日、アリゾナ・ダイヤモンドバックス戦で3年ぶりの勝ち星を挙げました。39歳と199日で勝利をつかんだのです。この年、セットアッパーを任された藪さんは60試合に登板し、3勝6敗9ホールド、防御率3・57という成績を残しました。

「阪神を出てアメリカに渡ってから、ずいぶん回り道もしました。「藪はどこで何をしているんだ」と思ったファンも多かったと思います。人からはムダに見えることも、自分にとっては大事な経験。それを財産にして戦ってきました」

藪さんは2009年3月にジャイアンツのマイナーに降格、7月に解雇されました。2010年7月に東北楽天ゴールデンイーグルスに入団し11試合に登板したものの、シーズン終了後に戦力外通告を受けました。42歳になっていた藪さんは静かにユニフォームを脱ぎました。

1994年から2004年まで、最初のプロ11年間で積み上げた勝利数は84。2005年から引退するまでに挙げた勝利数はわずか7。

しかし、藪さんにとってどちらも大きな意味を持つ数字なのです。

「そのときそのとき、ノープランで突っ走った結果ですが、最後に点と点がつながったような気がします。日本、メジャー、マイナー、メキシコを経験して、最後にまた日本で投げました。同じ野球というスポーツですが、その国、そのリーグでやり方も環境も違います。当然、選手もそれぞれです。自分が選手としていろいろな場所に身を置くことができて、楽しかったですね」

現役引退後、藪さんは古巣の阪神で3年間コーチを務めたあと、現在はプロ野球解説者として活躍しています。

「いまは、いろいろな角度から野球を見させてもらっています。メジャー流のいいところは日本でも取り入れられてきていますが、日米融合まではまだまだ。日本独自の古い考え方はなかなか払拭《ふっしょく》できていません。たとえば、日本では20勝もするピッチャーがなかなか生まれないのは6日も登板間隔を空けるから。もし中5日でも大丈夫なピッチャーならば、登板機会を増やせばいい。もちろん、1試合に投げる球数を制限する必要は出てきますが、いいピッチャーが多く試合数を投げるほうがチームにとってもいいはずです。ところが、みんな横並び。もし阪神の藤浪晋太郎《ふじなみしんたろう》投手が20勝をしたいなら、1年間に33試合か34試合に先発すればその可能性は高くなります」

環境が変われば適応する。そこで通用する方法を考える

常識はいつの間にかできあがるもの。長く時間がかかったものを覆すのは簡単ではありません。しかし、常識が必ずしも正解ではないことを藪さんは身をもって体験しました。「私が阪神で先発ピッチャーだったころ、中6日の間に3回もブルペンに入らされました。「2日間も投げないなんて考えられない」と言われて……いまからすれば、とんでもないやり方です。

アメリカではリリーフに関して役割分担が明確で、「こういう場面で投げさせる」と選手は事前に言われます。楽天に入ったときにはその感覚が残っていたので、「誰に投げるんですか?」「何回の何アウトからですか?」と細かく聞いていました。コーチに「とりあえず肩を作ってくれ」と言われてピッチング練習を始める選手がほとんどです。どんな場面で出番があるかわからないと、どうしても多く投げてしまうのです。若い選手は投げすぎて、登板したときに力を出せないことがあります。日本もメジャーにならう形で、ピッチャーにとってやりやすい状況ができつつありますが」

日本で先発ピッチャーとして実績を残した藪さんもアメリカでは試合中盤に投げることを求められました。バッターの打ち取り方もコンディションの整え方もまったく違いました。手探りでベストの方法を探していったのです。

「環境が変わればそこに適応する。そこで通用する方法を考える。私はそうやってここまでやってきました。いつも最短距離で答えが見つかるわけではありませんが、回り道も経験だと考えてきました」

ピッチングフォームも人それぞれ。バッターの打ち取り方は無限にあります。まだ使われていない方法がどこかに眠っているかもしれません。

「まわりの人は「藪のメジャー行きは失敗だった」と言うかもしれませんが、自分ではそう思っていません。もし失敗だったとしても、ほかのものには替えられない財産になっていますから」

もし藪さんがアメリカに行くことを選択せず、日本でずっと投げ続けたとしたら……通算勝利数は確実に増えていたでしょう。藪さんがチームを去った2005年に阪神がリーグ優勝を飾ったこと、長く強さを維持したことを考えれば(10年間で優勝1回、2位が5

回、3位が1回、4位が2回、5位が1回)、これまで133人しかいない100勝到達は間違いありませんでした。それを期待した阪神ファンも多かったはずです。

しかし、藪さんは別の道を選びました。ひとりでネットにボールを投げ込む毎日を送っていても、後悔することはありませんでした。

あくまで、自分の道を進むことを貫いたのです。

ドラフト1位のそれから

中根　仁（なかね・ひとし）
1966年宮城県生まれ。東北高校→法政大学→近鉄バファローズ→横浜ベイスターズ→横浜DeNAベイスターズコーチなどを経て、現在、アスリートとファンをつなぐポータルサイト『アスリート街.com』を立ち上げ運営。

野球少年がプロ野球選手になるとき、どんな目標を掲げるでしょうか。

2000本安打を打ちたい。

イチロー選手みたいになりたい。

子どもに夢を与えたい。

1億円を稼ぎたい。

入団会見では誰もが夢を語ります。しかし、1年経ち、2年経ち……3年目にはもう戦力外を通告される選手が出てきます。これはドラフト1位選手でも例外ではありません。期待が高かった分、周囲の落胆もまた大きい。

本書ではここまで、スカウトや監督という目利きの厳しい目で選ばれながら、期待通りの成績を残せなかったドラフト1位の「その後」を追ってきました。不運な故障や技術的な問題、チーム内の人間関係などさまざまな要因によって、道は大きく分かれました。

本当に運がなかった人もいます。何かが少し狂っただけで、裏目裏目に回った選手も。

「もし、あのとき……」と悔やまれるアクシデントがなければ、彼らの野球人生は反転していたかもしれません。「運も実力のうち」という言葉もありますが、本当にそうなのでしょうか。

東北高校から法政大学を経て近鉄バファローズに入団した中根仁さんは、アマチュア、プロを通じて多くのドラフト1位選手の「前」と「後」を見てきました。

日米通算で381セーブをマークした佐々木主浩《ささきかづひろ》さん（1989年ドラフト1位で横浜大洋ホエールズへ）は東北高校の1年後輩でした。東京六大学では早稲田大学の小宮山悟《こみやまさとる》さん（1989年ドラフト1位でロッテオリオンズへ）、明治大学の武田一浩《たけだかずひろ》さん（1987年ドラフト1位で日本ハムファイターズへ）などと対戦しています。近鉄では野茂英雄《のもひでお》さん（1989年ドラフト1位で近鉄へ）とともにプレイしていました。

あのドラフト1位はなぜ成功したのか。そして、あのドラフト1位はなぜいい成績を残せなかったのか？

歴史に名を刻んだ選手には共通点があり、また満足な結果を残せなかった選手にも通底するものがありました。

プロ野球で15年間プレイした中根さんだからわかる超一流と一流になれなかった選手の「差」——

プロとアマチュアの間には大きな壁がある

東北高校三年生の夏、1学年下の佐々木主浩さんと葛西稔《かさいみのる》さん(法政大学から1989年ドラフト1位で阪神タイガースへ)と一緒に甲子園の土を踏んだ中根さん。その後入学した法政大学には、四年生に西川佳明《にしかわよしあき》さん(1985年ドラフト1位で南海ホークスへ)、三年生に猪俣隆《いのまたたかし》さん(1986年ドラフト1位で阪神へ)がいました。

「ほかにものちにプロ野球で活躍される先輩が学年に3、4人いたのですが、高校時代と比べてあまりレベルの違いは感じませんでした。当時、法政大学には全国から甲子園球児が集まってきていたのですが、「こんなものなのかな……」と思ったくらい。大学からプロに入ったときに感じた差ほど大きなものではありませんでした。いくらすごい選手でも、アマチュアの中では優秀、ということだったのでしょう」

法政大学ですぐに頭角を現した中根さんは、1987年、三年生の春に東京六大学のベストナインに選ばれ、秋季リーグ戦では首位打者とベストナインを獲得しました。4年間の通算成績は、打率3割3分0厘、11本塁打、49打点。走攻守の三拍子が揃った外野手として、1988年秋のドラフト会議で近鉄から2位指名を受けました。

「東京六大学で他大学のいいピッチャーと対戦してきましたが、プロはレベルが違っていました。バッターのスイングスピード、打球の速さ、飛距離……すべてがすごすぎて、「俺はこんなところでやっていけるの?」と衝撃を受けました。自分がバッティング練習をしても、打球は前に飛びません。周囲からは「あいつ、大丈夫か?」という目で見られました」

仰木彬《おおぎあきら》監督に率いられた近鉄は「野武士軍団」と呼ばれるほど、豪傑が揃っていました。

「春のキャンプのウォーミングアップが2時間。みんなは涼しい顔をしていましたが、その時点で私はもうヘロヘロ……技術以前に、体力が劣っていました。体の小さい選手でも馬力がすごくて、強い打球を飛ばします。それを見て、私はバッティング以外の部分、肩と脚でアピールしようと考えました。早い時期にそれに気づくことができたから、15年もプロでプレイできたのかもしれません」

中根さんはプロ1年目の1989年5月に一軍昇格を果たし、59試合に出場し打率2割3分6厘、10本塁打の成績を残し、チームのリーグ優勝に貢献し、日本シリーズ出場も果たしました。

ドラフト1位の利点を生かせるのは1年目だけ

毎年秋に開催されるドラフト会議で、12人のドラフト1位の選手が生まれます。しかし、抽選にはずれた「はずれ1位」も存在しますし、有望選手が少なく「不作」と言われる年もあります。

「私は丙午《ひのえうま》(1966年)の生まれですが、高校卒業のときも、大学卒業のときも「不作」と言われていました。ちなみに私は「はずれ2位」です。いい選手がいないときでも球団は誰かをドラフト1位で指名しなければなりませんから、不作の年のドラフト1位はその後が大変ですね。ほかにいい選手がいなかったために消去法で1位になっても、ドラフト

1位はドラフト1位です。

ドラフト1位で入団した選手は、最初、チャンスをもらえますが、まわりは「今年のドラ1はどうだ?」という目で見ます。ファンも選手もスタッフも。まだ実力が伴っていないのに1位で入った選手がプレッシャーに押しつぶされることもあります。実際に、プロの壁にぶち当たったとき、ドラフト1位のプレッシャーが重なるとつらいでしょうね」

ドラフト1位の選手にチャンスが与えられるのは1年目だけ。翌年にはまた有望選手が入団してきます。

「私は現役引退後にコーチもしましたが、ドラフト1位だろうが6位だろうが、どの選手も横一線です。契約金は多くもらえるかもしれませんが、グラウンドの中では関係ありません。ユニフォームにドラフト1位と書いてあるわけではありませんから」

たったひとつのミスが命取りになる

大学時代に高い評価を受けてプロ入りした中根さんでもプロとの実力差に驚かされまし

た。やっているのは同じ野球ですが、これまでと同じようにプレイすることができませんでした。

「緊張もするし、想定外のことが起こるとみんな、パニックになってしまいます。私もそうでした。二軍の試合で、二度続けてけん制球でアウトになったことがあります。盗塁のサインが出たわけでも、特にピッチャーのけん制がうまかったわけでもありません。魔がさしたというのか……「どうした？」とコーチに言われても何も答えられないほどの失態でした。まだ二軍だったから許されたのですが、もし一軍の試合でそんなことをしたら、監督は二度と使ってくれなかったでしょう」

チャンスを与えられた場面で失敗すれば、選手は心に痛手を負います。「また失敗したらどうしよう」と考えてしまうのです。ただ、時間が経てば傷は癒えますが、監督やコーチの信用を取り戻すのは難しい。

たった一度のミスが選手寿命を左右することがあります。「ポカの多い選手」という烙印を押されたら、それを払拭することはなかなかできません。ネガティブな評価はずっとついて回るものです。特に「うまくいって当たり前」の守備においてのミスはずっと尾を引きます。

「私は守備に自信を持っていましたが、あるときから短い距離をちゃんと投げられなくなってしまいました。いわゆる、イップスです。外野からのバックホームのときには、中継役の内野手に投げるという決めごとがあったのですが、それができない。昔はイップスなんて言葉はなかったですけど、「何やってんだ！ ちゃんとノーバンで投げろよ、こんなに近いんだから！」と怒られました。そうなると、ビクビクしながら守ることになります。結局、最後まで治りませんでした」

それまで当たり前にできていたことができなくなるということは珍しくありません。内野手が送球難になり、外野手にコンバートされる例はいくらでもあります。

「昔はチビッて（怖がって）そうなると言われていましたが、そんなに簡単なものではないでしょうね。外野手に転向したあと、プロ野球やメジャーでスーパースターになる選手も多いですから。心の弱さが原因なら、そんなに堂々とプレイできるはずがありません。でも、弱みを見せるとつけ込まれるのがプロの世界です。そういう部分から崩れていく選手もたくさんいました」

野茂英雄には自分を曲げない強さがあった

中根さんが1年目を戦い終えた1989年秋のドラフト会議の主役に躍り出たのが、ソウルオリンピックの銀メダリストの野茂英雄さん(新日鐵堺)でした。史上最多の8球団が指名し、抽選の結果、近鉄に入団することになりました。

「野茂は入団したときから頑固でした。ピッチングフォームは独特でしたけど、考え方も生き方も「自分」を持っていました。いい意味で、自分の考えしかない——そんな感じがしました。高校時代は無名でも、社会人野球と日本代表で揉まれ、21歳にして大物の風格が漂っていました。

私は仲良しで、よくご飯を一緒に食べにいっていましたが、いつも、「エラーは誰でもしますから」「責任は全部自分にあります」と言っていました。野手がエラーをしても点を取られたら「自分が悪い」と。新人のころから、エースの自覚がありましたね。だから、野手は「野茂に勝たせたい」といつも思っていました。フォアボール、フォアボール、フォアボール、三振、三振、三振という試合ばかりでしたが」

個性的な「トルネード投法」で三振の山を築いた野茂さんは、相手チームによく癖を見破られていました。それで打ち込まれることもありましたが、彼はまったく動じませんでした。

「野茂の持ち球はストレートとフォークだけ。2種類しかないから、投げる前にバッターに球種がばれれば大変です。「相手に癖がばれてるのに、直さないの?」と聞くと「癖が出てるのはわかってますけど、直しません。ストレートがくるとわかるとボール球でも振りませんか?」と言うのです。誰よりも自信を持っているし、小さなことには負けないという気持ちも強かったと思います」

野茂さんはプロ1年目の1990年に18勝8敗、防御率2・91、奪三振287という成績で、最多勝利、最優秀防御率、最多奪三振、最高勝率のタイトルを独占しました。1991年に17勝、1992年に18勝、1993年に17勝を挙げましたが、1994年限りで近鉄を退団。1995年からロサンゼルス・ドジャースに入団し、ふたり目の日本人メジャーリーガーとなりました。

メジャー12年間の通算成績は、123勝109敗、防御率4・24。最多奪三振のタイトルを二度獲得、ノーヒットノーランも二度記録しました。

「どんなにすごいバッターに対しても、真っ向勝負を挑むから、メジャーでも人気があったのでしょう。一本気な男だったので、選手からも信頼されていましたね」

力を発揮できない選手の共通点

プロの一員になったとき、すぐに戦力として認められる選手は多くありません。すでに実績のあるレギュラーを上回る成績を残さない限り試合に出ることができないからです。敵チームと戦う前に、自分のチーム内の競争に勝たなければなりません。

実力を持っていてもチャンスをつかめない選手、チャンスを与えられてもモノにできない選手がたくさんいます。

「足の速さや肩の強さ、バッティングの確実性は、プレイを見ればすぐにわかります。表面に出にくいのが、頭の中、考え方の柔軟性です。プロの壁を突破できずレギュラーをつかめない選手の多くが、やわらかさに欠けているように思います。「自分」を持つことは大事ですし、頑固でもいい。ただ、視野が狭くて誰のアドバイスにも耳を貸さない選手は長く活躍するのが難しい。人の意見を聞いたうえで役に立つことだけを受け入れる選手や、頭の切り替えの早い選手は上達のスピードが速いですね」

ドラフト1位で指名される選手はアマチュアでは「エース」か「四番」ばかり。しかし、プロ野球では脇役に回らざるをえないケースが多いのです。バットを長く持ってブンブン振り回していた選手も、バントをしたり、チームバッティングをしたり、役割に応じた働きが求められます。八番打者なのに大振りばかりしていたら、すぐに交替させられてしまうでしょう。

「自分の役割に気づいて、それに見合った働きができるかどうか。練習でいくらホームランを打っても仕方がありません。試合で、どれだけ勝利に貢献できるかが大切なのです。昔のことはきれいに忘れて、目の前の仕事に徹すること。これが最低条件です。でも、自分の力量と役割に気づくことがどれだけ難しいか」

相手が先輩でも譲らない強さを持つ

中根さんが高校三年生のとき、１９８４年夏の甲子園で３回戦まで進んだ東北高校には、のちにドラフト１位で指名される選手がいました。横浜でリリーフエースとして活躍する佐々木主浩さんです。

「ひとつ下の佐々木は入学当時、背は高いけど細くて、スピードもいまひとつ。でも、そのころから頑固でしたね。東北高校は寮と通いの選手が別々にミーティングをするのですが、佐々木は通い組だったので、私がお目付け役をしていました。ちょっと注意をすると、何か言いたそうな顔をする……、当時は私もそうですが、彼もまだ子どもでしたね。それが15年後にはメジャーリーガーになるんですからね」

佐々木さんは１５０キロを超えるストレートと落差の大きいフォークボールを武器に、プロ１年目から活躍し、「ハマの大魔神」として他球団から恐れられました。１９９８年には横浜の38年ぶりのリーグ優勝、日本一に貢献。２０００年からはシアトル・マリナーズに移籍し、クローザーを任されました。50勝54敗３８１セーブ（日米通算）という成績を

1998 年に横浜の 38 年ぶりの優勝に貢献した　©時事

残し、ユニフォームを脱ぎました。

近鉄から横浜にトレードされた1998年、打率3割0分1厘という成績を残して優勝に貢献した中根さんは、後輩の成長を頼もしく感じていました。

「佐々木は自分が師匠と認めた人の意見しか聞きません。相手が先輩でもコーチでも、「聞き流す力」がありました。野球に関してはものすごく頑固。彼の場合はそれがよかったのでしょうね」

中根さんは2003年シーズン限りで、プロ15年間の現役生活に別れを告げました。1092試合出場、打率2割6分4厘、78本塁打、351打点という通算成績を残して。リーグ優勝を果たした近鉄(1989年)、横浜(1998年)でも絶対に欠かすことのできない名脇役でした。

人の意見を聞かない選手は勝手に落ち込み、孤立する

中根さんは引退後、横浜でスカウト、コーチを務めました。コーチになってから、その

選手の考え方が成長に大きな影響を及ぼすことを痛感しました。いくら能力があっても、考え方の悪い選手は途中で伸びなくなってしまうのです。

「最初にいくらいい成績を残しても、頭が固くて意見を聞かない選手はそれなりのところで止まってしまいます。自分で思っている通りにやれないのに、現状を変えることもできない。これが数年続くとトレードに出されたり、ユニフォームを脱ぐことになったりします。アドバイスを聞かないから、周囲から人が消え、チームで孤立することになります。やっぱり大切なのは頭の柔軟さです」

意見を聞いても、それを取り入れるかどうかはその選手の自由ですが、新しいことを受け入れることで客観的に状況を見ることができるはず。しかし、うまくいかない選手は情報を遮断し、自分だけで考え、落ち込み、せっかくの長所までなくしてしまうのです。

一方で、人の意見を聞きすぎる選手もいます。Aコーチに言われたことを試し、同時にBコーチにアドバイスを求める。そのうちに、投げ方や打ち方を忘れる人もいるのです。

「あまりにも自分の考えがなさすぎるのも問題です。ちょっと試しては元に戻し、また別のことに手を出してしまう。1カ月ごとにバッティングフォームが変わる選手もいました。不安だから誰かにすがるのでしょうが、それでうまくいった人は見たことがありません。自分の真ん中にしっかりとした芯がないと、おかしな方向に行ってしまいますね」

自分の考えを貫いて理想の姿を追い求める

中根さんがコーチ時代、特に印象に残っているのが、横浜の四番打者に成長した筒香嘉智《つつごうよしとも》選手（2009年ドラフト1位で横浜へ）です。

「筒香は、普段はすごくかわいいやつなんですが、バッティングについて、コーチが相手でも譲らないところはまったく譲りません。それは、本人なりにしっかりとした考えがあってのこと。コーチとしては「それは間違ってるんじゃないか。回り道になるかも」と考えたこともありましたが、最後に決めるのは本人です。理想のバッティングフォームを追い求めるのは大切なこと。彼には、主砲として目指すところがありました。自分の考えを貫いたから、いまの活躍があります」

入団したときから「将来の四番」を期待された筒香選手もプロの壁に何度も跳ね返され

ました。１０８試合に出場した２０１２年(プロ3年目)は10本塁打を放ったものの、打率は2割1分8厘。２０１３年はわずか23試合の出場に終わりました。

２０１４年にレギュラーポジションを奪い返し、打率3割、22本塁打、77打点をマークしました。２０１５年は１３８試合に出場し、打率3割1分7厘、24本塁打、93打点と四番にふさわしい数字を残しました。２０１６年は40本塁打、１００打点を超え、さらにスケールアップしました。

「体幹が強くなったことで体のぶれがなくなり、筒香は理想のバッティングフォームで打てるようになってきました。8月の時点で35本以上もホームランを打つなんて、見事としか言いようがありません。私がコーチをしていたころは一軍と二軍を行ったり来たりでしたが、立派な四番になりましたね。地道な努力が実を結びました」

自分の頭で考えることができるか

ドラフト1位で指名される選手はもともと素質に恵まれていて、ほとんどが挫折をすることなくエリート街道を進んでいます。しかし、失敗したことのない人は壁にぶち当たったとき、意外ともろいものです。

「壁に当たってからまた伸びる選手は、みんな自分の頭で考えて、自分で行動しています。「言われたことだけやる選手」「やらされる選手」にはいずれ限界がきます。いくら力があっても厳しい。いきなりプロでレギュラーになれるのはひと握り。それ以外の選手は失敗して、壁に跳ね返されて、自分に絶望して……そこからがんばるしかありません」

中根さんは野球少年のころからずっと、エリート街道を歩んできました。高校で甲子園に出て、大学でも優勝を経験しました。

「私の子どものころは、野球を「やらされて」いました。もっと言えば、「殴られながらやらされていた時代」です。指導者に「100本走れ」と指示されたら文句も言わずに走る。「1000本振れ」と言われたら振り続ける。「考える前にやる」ことが求められていました。でも、いまは違います」

昔も、必ずしも回数をこなすことが目的ではありませんでしたが「量が質を凌駕する」と考えられていました。「数をこなせば体が覚える」とも。

「いまは、高校野球でも、個人練習が増えています。「この練習は何のためにやるのか」を指導者と選手が共有して、それから取り組んでいます。考える時間がたくさんあるから、いまの選手にはコミュニケーション能力が必要なのではないかと思います」

グラウンドの中の技術や戦術も進化していますが、栄養の取り方、体の作り方、コンディションの整え方も、どんどん新しいものが取り入れられています。

「プロ野球選手の技術も、動画で真似することができますし、新しい情報はいくらでも入ってきます。だからこそ、自分の頭で考えることが大切なのです。

私はコーチのころから、若い選手には「失敗しろ」と言ってきました。失敗しないとうまくなりませんし、自分が未熟なことを認めない限り上達しません。言い古された言葉ですが、「失敗は成功の元」です。それまで失敗しないでやってこれた選手もどこかで絶対に失敗します。失敗の経験や挫折に対する免疫がなければ、そこで潰れてしまうかもしれません。だから、若いうちにどんどん失敗してほしい」

ただ準備もせずに失敗しても何の意味もありません。準備をしっかりしたうえでの失敗ならば、そこから何かを学び取ることができるでしょう。

「なぜ失敗したかをしっかり考えてほしい。コーチや指導者はそのときに一緒に考えるのが仕事です。失敗を隠さない、ヘタな自分から逃げない。まわりの人とコミュニケーションをとって、そこから這い上がってほしいと思います。失敗を乗り越える力がある人だけが、成長することができるのです」

ユニフォームを脱いでも通用する人になってほしい

2013年10月に横浜を退団した中根さんは現在、『アスリート街.com』というサイトを作り、アスリートのセカンドキャリア支援を行っています。「プロ野球界を離れてがんばっている人を応援することはできないのか?」と考え、事業として取り組むようになったのです。

「野球界に限らず、さまざまなスポーツ経験者がいろいろな世界でがんばっています。引退後にかつてのプロ野球選手の名前を聞くのは、事件のときだけ。そういうのは悲しいですよね。なかなかニュースにはなりませんが、新しい場所で地道に働いている人をサポートさせていただいています。

どんな人にも引退するときが来ます。夢や目標に近づけば近づくほど、「次」を探すのは難しくなります。でも、みんな別の世界で一歩一歩前進しているのです。ひとつのことを本気で追求した人はどこでも通用すると信じています」

そのときに大切なのはやはり、コミュニケーション能力だと中根さんは考えています。

「人の意見を素直に聞けること、相手の言っていることの意味が理解できることが大前提。そのうえで、自分の思いをきちんと言葉で伝えてほしい。やらされるのではなく、自分からできるかどうかが大きなポイントです。スポーツ選手なら、現役時代にあいさつの必要性を叩き込まれていると思いますが、それが本当に身についているかどうか。グラウンドの外にはもっと厳しい世界が待っていますから」

スポーツであれば結果がすべて、いいことも悪いこともはっきり形になりますが、普通の世界ではあいまいなことが多く、白と黒とがわかりにくい。だからこそ、コミュニケーション能力を磨くべきだと中根さんは考えているのです。

「突然、ユニフォームを脱ぐことになったら、すぐには次の目標は見つからないかもしれません。でも、ずっと現役を続けられる人はいないのですから、引退後の準備は必要です。選手のころからぼんやりとでもいいので、引退後のことも考えてほしいと思います。

華やかな世界とはまったく違う地道な仕事が多いですが、夢を追ってがんばってきた人間なら、絶対に次の夢も見つけられるはずです。ドラフト1位で指名された選手なら、応援してくれたファンもたくさんいるでしょう。その人たちをがっかりさせないようにしてほしい。むしろ、「やっぱりドラフト1位の選手は野球をやめてからもすごい」「野球以外でもがんばっているな」と思ってもらえるようなセカンドキャリアを歩んでほしいと思っています」

おわりに

1試合ごとに結果が出て、勝ち負けがつくプロ野球の世界はものすごく残酷です。その選手がチームに貢献できたかどうかはひと目でわかってしまいます。ピッチャーが勝ち星を挙げればまたチャンスを与えられ、バッターを抑えることができなければ出番は減っていきます。1年ごとに選手は入れ替わり、栄光と高額年俸を手にする人とひっそりと姿を消す人とが出てきます。

本書に登場していただいた6人のドラフト1位はそれぞれに将来を嘱望《しょくぼう》され、周囲の期待を集めました。どの選手も歴史に名を残す可能性を秘めていましたが、ある選手はわずか3年で戦力外通告を受け、ある選手は4年目でほかの球団に放出されてしまいました。

どれだけ温かく迎えられても、結果が出なければシビアな現実が待っています。

3割の確率でヒットを打てば好打者と認められるくらい、野球とは失敗するスポーツだと言われます。だから、大切なのは、「失敗の中から何を見つけるか」なのです。

入団するときにスポットライトを浴びた6人のドラフト1位は、いつのまにか光の当たらない場所にいました。注目され続けた人が見向きもされないつらさは当人にしかわからないでしょう。しかし、「誰も見ていないところで何をするか」が大事なのだと、みなさんが教えてくれました。

現在イタリア料理のオーナーシェフをしている水尾嘉孝さんはこう言いました。

「同じ失敗を二度はしないこと。私の人生は失敗だらけでしたけど、これだけは決めています」

多くの故障に苦しみ、プロ6年間でわずか24試合にしか一軍出場できなかった的場寛一さんはこう考えながら苦しい時期を耐えました。

「つらいときには「いまは神様が我慢しろ」と言っているんだ、勉強する時期だと考えて我慢する。そうしているうちに、きっといいことが巡ってきます」

独立リーグでプレイする多田野数人投手は、こう考えながら投げています。

「レベルが落ちる独立リーグだからといって、バッターを簡単に抑えられるわけではありません。ホームランを打たれることもあるし、思うようなボールが投げられないこともあります。そこでやる気をなくしてしまうのか、抑えてやろうと奮起するのか。それによって、進む道が変わってくると思います」

右ひじの手術後、サイドスローに転向し、引退するまでセットアッパーとして活躍した江尻慎太郎さんは、「自分を変える勇気」についてこう言いました。

「うまくいくかどうかわからないけど、退路を断って自分を変えようとする姿は美しいと思います。崖っぷちにいるプロ野球選手ががんばる姿はすばらしい」

プロ4年目で肩を痛めて以降、満足なボールが投げられなくなっても42歳までユニフォームを着続けた河原純一さんはこんな思いを胸にずっと戦ってきました。

「その日、負けたからといって尻尾を巻いて逃げるわけにはいきません。失敗しても次に挽回すればいい」

阪神タイガースのエースとして84勝を挙げた藪恵壹さんには、マイナーリーグのマウンドにさえ立てず、たったひとりで練習を続けた時期がありました。

「『藪はどこで何をしているんだ』と思ったファンも多かったと思います。人からはムダに見えることも、自分にとっては大事な経験。それを財産にして戦ってきました」

もし彼らが順風満帆な野球人生を送っていたら、こんな言葉を口にしたでしょうか。

人生には、穏やかな晴れの日も、雨の日も風の日も嵐の日もあります。楽しいこともあれば、苦しいことも悲しいこともたくさんあります。残念ながら、それが現実です。私は野球を通じて、そのことを学びました。

では、自分が逆境にいるとき、うまくいかないとき、どうすればいいのでしょうか。

最後に登場していただいた中根仁さんの言葉通り、「失敗して、壁に跳ね返されて、自分に絶望して……そこからがんばるしかない」のだと思います。それを生き方で見せてくれた6人の方々を心から尊敬しています。どうもありがとうございました。

2016年10月

元永知宏

元永知宏
1968年、愛媛県生まれ。立教大学野球部4年時に、23年ぶりの東京六大学リーグ優勝を経験。大学卒業後、ぴあ、KADOKAWAなど出版社勤務を経て、フリーランスに。『パ・リーグを生きた男　悲運の闘将　西本幸雄』(ぴあ)、『PL学園OBはなぜプロ野球で成功するのか？』(新潮文庫)、『本田宗一郎　夢語録』(ぴあ)などを編集・執筆した。著書に『敗北を力に！——甲子園の敗者たち』(岩波ジュニア新書)、『殴られて野球はうまくなる!?』(講談社＋α文庫)、『敗者復活』(河出書房新社) などがある。

期待はずれのドラフト1位
——逆境からのそれぞれのリベンジ　岩波ジュニア新書 843

2016年10月20日　第1刷発行
2017年12月25日　第2刷発行

著　者　元永知宏《もとながともひろ》

発行者　岡本　厚

発行所　株式会社 岩波書店
〒101-8002 東京都千代田区一ツ橋 2-5-5
案内 03-5210-4000　営業部 03-5210-4111
ジュニア新書編集部 03-5210-4065
http://www.iwanami.co.jp/

組版　シーズ・プランニング
印刷・理想社　カバー・精興社　製本・中永製本

ISBN 978-4-00-500843-8　　Printed in Japan

岩波ジュニア新書の発足に際して

きみたち若い世代は人生の出発点に立っています。きみたちの未来は大きな可能性に満ち、陽春の日のようにひかり輝いています。勉学に体力づくりに、明るくはつらつとした日々を送っていることでしょう。

しかしながら、現代の社会は、また、さまざまな矛盾をはらんでいます。営々として築かれた人類の歴史のなかで、幾千億の先達《せんだつ》たちの英知と努力によって、未知が究明され、人類の進歩がもたらされ、大きく文化として蓄積されてきました。にもかかわらず現代は、核戦争による人類絶滅の危機、貧富の差をはじめとするさまざまな人間的不平等、社会と科学の発展が一方においてもたらした環境の破壊、エネルギーや食糧問題の不安等々、来るべき二十一世紀を前にして、解決を迫られているたくさんの大きな課題がひしめいています。現実の世界はきわめて厳しく、人類の平和と発展のためには、きみたちの新しい英知と真摯《しんし》な努力が切実に必要とされています。

きみたちの前途には、こうした人類の明日の運命が託されています。ですから、たとえば現在の学校で生じているささいな「学力」の差、あるいは家庭環境などによる条件の違いにとらわれて、自分の将来を見限ったりはしないでほしいと思います。個々人の能力とか才能は、いつどこで開花するか計り知れないものがありますし、努力と鍛練の積み重ねの上にこそ切り開かれるものですから、簡単に可能性を放棄したり、容易に「現実」と妥協したりすることのないようにと願っています。

わたしたちは、これから人生を歩むきみたちが、生きることのほんとうの意味を問い、大きく明日をひらくことを心から期待して、ここに新たに岩波ジュニア新書を創刊します。現実に立ち向かうために必要とする知性、豊かな感性と想像力を、きみたちが自らのなかに育てるのに役立ててもらえるよう、すぐれた執筆者による適切な話題を、豊富な写真や挿絵とともに書き下ろしで提供します。若い世代の良き話し相手として、このシリーズを注目してください。わたしたちもまた、きみたちの明日に刮目《かつもく》しています。(一九七九年六月)

岩波ジュニア新書

776 音のない世界と音のある世界をつなぐ ―ユニバーサルデザインで世界をかえたい！― 松森果林 著

誰もが暮らしやすい社会にしたいと、生活用品から情報までのUD化を幅広く手がける著者。その仕事ぶりから、UDにかける熱い思いが存分に伝わってくる。

777 宇宙と生命の起源2 ―素粒子から細胞へ― 小久保英一郎・嶺重慎 編著

宇宙のはじまりから太陽、地球、そして細胞、人類誕生の謎に迫る。ブラックホール、iPS細胞、ヒッグス粒子もわかる。DNAから見た生命像が新鮮。

778 日本語のニュアンス練習帳 中村明 著

好意vs厚意、駐車禁止vs自動車捨て場、お休みいたしますvsさせて頂きます――日本語表現の微妙な違いを楽しく学べる100問。

779 プチ革命 言葉の森を育てよう ドリアン助川 著

どんなに生きづらい世の中でも、心が自由なら希望を持って生きていける。心の中に言葉の葉を繁らせて人生を広げていこう。一人でできるプチ革命の提案です。

780 理系アナ桝太一の生物部な毎日 桝太一 著

人気No.1アナの素顔は、生物オタクだった?! バッタにチョウチョ、アナゴとアサリ…。生き物とともに成長してきた著者が、その魅力を熱く語る青春記。

781 身につく英語のためのA to Z 行方昭夫 著

AからZまで26のキーワードによる楽しいエッセイで、「読む」「書く」「聴く」「話す」の四つの力を獲得するコツを解説。

782 お城へ行こう！ 萩原さちこ 著

さまざまな魅力にあふれているお城。歴史をたどりながら、特徴や見どころを丁寧に解説する。あわせてお城めぐりの楽しさも伝える。 [カラー8頁]

783 政治のキホン100 吉田文和 著

政治の概念から、国会や内閣の仕組み、選挙・世論まで、見開き1話で16のテーマを解説する全100話。難しい用語も丁寧に説明。新聞を読むための基礎力も身につく。

784 5アンペア生活をやってみた　斎藤健一郎著

電気に極力頼らずに暮らしたい。エアコンや電子レンジなど身の回りにあふれる家電製品と決別して見えてきた、本当に豊かな生き方とは。

785 この思いを聞いてほしい！ ―10代のメッセージ―　池田香代子編著

私たちの声を大人たちに伝えたい！　平和や環境、国際社会、学校生活など、さまざまな問題について、自らの言葉で向き合う若者たちの切実な思いを伝えます。

786 「育ち」をふりかえる ―「生きていい」、そう思える日はきっとくる―　渡井さゆり著

児童養護施設で長く暮らした著者が自らの生い立ちをたどります。親に愛された記憶を持たず、孤独と疎外感のなか、生きる意味を問い続けた日々…。

787 大学生活の迷い方 ―女子寮ドタバタ日記―　蒔田直子編著

悩んで、転んで、落ち込んで…悩み多き学生たちのドタバタに寄り添ってきた「名物寮母さん」が綴るすっぴん大学生たち。

788 10代の憲法な毎日　伊藤真著

校則と個人の自由はどちらが優先される？　部活動のトラブルはどうやって解決する？　憲法の精神を身近な生活にいかす方法を学ぶ一冊。

789 漢詩のレッスン　川合康三著

恋人との別れ、故郷への思い、心に染み入る風景…。たった四行の詩「絶句」から、豊かな漢詩の世界に触れてみよう。基礎知識もしっかり解説。

790 人とミルクの1万年　平田昌弘著

家畜のミルクに依存する、牧畜という生活様式はいつ始まったか。世界の牧畜民をたずね歩く人類学者が、乳文化の歴史へと案内する。

791 〈できること〉の見つけ方 ―全盲女子大生が手に入れた大切なもの―　石田由香理著　西村幹子著

視覚障害を理由に将来の可能性を否定され、傷つき悩んだ10代の頃。果たしてどのように壁を乗り越え、自分の可能性を広げていったのか。

792 キリスト教入門　山我哲雄著

キリスト教は二千年の歴史を通じ、欧米の文化の精神的支柱であり続けた。異文化理解の基礎知識として、その歴史と思想を学ぼう。

793 スギナの島留学日記　渡邊杉菜著

教育による島おこしに注目が集まる隠岐。その県立高校に留学した女子高生が、曇りのない目で、島の人々や自然、充実した学びの日々をレポートする。

794 伝えるための教科書　川井龍介著

社会や大学で求められるのは、レポートや報告書など、実用的な文書。6つの心構えと9つのケースでその書き方を学びます。高校生にも身近な例文を集めました。

795 ご当地電力はじめました！　高橋真樹著

地域の電力は自分でつくる。飯田市や上田市のソーラー、岐阜県いとしろの小水力、福島県で発電事業を進める会津電力。市民たちが動き出した。

796 シアワセなお金の使い方　―新しい家庭科勉強法2―　南野忠晴著

南野流「シアワセなお金の使い方」を10代の日常にそって伝授する。賢い消費者になる智恵、経済的自立に必要な力も自然に身につく一冊。

797 〈刑務所〉で盲導犬を育てる　大塚敦子著

犬は教えてくれた、人は、生き直せることを。犬との日々は人々をどのように変えていったのか。日本初の試みを、七年以上にわたる取材から綴る、希望の書。

798 自分で考える勇気　―カント哲学入門―　御子柴善之著

カントは、善く生きて幸福になる最高善と、世界平和の実現を考え続けた。彼の批判哲学を一緒に読み、幸せとは何か、考えてみよう。

799 いのちはどう生まれ、育つのか―医療、福祉、文化と子ども　道信良子編著

医療や福祉の現場、地域における子育ての様子を描きながら、いのちの大切さと、すべての子どもが尊厳ある存在として生きられる社会のあり方を考えます。

800 高校生レストランまごの店 おいしい和食のキホン　村林新吾／相可高校調理クラブ 著
「高校生レストラン」のおいしさの秘密、ここにあり。だしのとり方からはじめ、だし巻き卵、肉じゃがなどのつくり方を、高校生たちの実践でしめす。

801 大人になるっておもしろい？　清水真砂子 著
萎縮するばかりの若者たちに、魂をゆさぶる数々の物語を通して、傷つくことを恐れず、伸びやかに自由に生きようと呼びかける。青春の羅針盤となる一冊。

802 ファッション・ライフの楽しみ方　高村是州 著
ファッションにはオンとオフの2つのスイッチがある。時と場所に応じてスイッチを入れ替え、ちょっと大人な自分になってみよう。

804 漢字力が身につく熟語練習帳　馬場雄二 著
熟語のリレー、熟語の漢字算など、漢字を組み合わせて熟語を作る、イラスト漢字パズルを満載。楽しく解いて、漢字力をつけよう！

805 大きらいなやつがいる君のためのリベンジマニュアル　豊島ミホ 著
クラスメイトから受けたダメージに長く苦しめられた著者が語る、憎しみとの向き合い方。スクールカーストがはびこる教室で息苦しさを感じているあなたへ。

806 新・東海道　水の旅　浦瀬太郎 著
東海道は水の豊かさを感じられる道だ。でも、富士川や大井川に水が少ないのはなぜ？　昔の人がつくった堤防や用水が、いまも役に立っていることもわかる。

807 数に強くなろう ―ピーター流数学あそび―　ピーター・フランクル 著
中学生ピーターが「足し算ゲーム」で大学生に勝った戦略とは？　相手が考えた数を、ズバリ当てることができる数字を書いた立体のヒミツは？

808 新・天文学入門 カラー版　嶺重慎／鈴木文二 編著
地球から太陽系、銀河系、そして宇宙のはじまりへ。わたしたちのルーツを探す旅をはじめよう。最新の研究結果を取り入れた改訂版。

809 大学で大人気の先生が語る〈恋愛〉と〈結婚〉の人間学　佐藤剛史著

結婚するってどういうことなのか考えたことはありますか。幸せな人生をつかみとるために、いま考えておくべきことは？

803 上野公園へ行こう —歴史&アート探検—　浦井正明著

上野公園＝西郷像＋パンダは模範解答、合格大仏＋ハシビロコウは一歩深い解答です。ディープな歴史と幅広いアートの世界に浸かってみよう。

810 はじめての文学講義 —読む・書く・味わう—　中村邦生著

文学の面白さの秘密はどこにあるのか。多様な作品を題材に、読むコツ・書くコツ・味わうコツを指南する。渋谷教育学園での「文学講義」をまとめた一冊。

811 ＡＢＯ血液型がわかる科学　山本文一郎著

血液型と性格は関係があるのだろうか？　遺伝子、分子構造、進化、病気との関係…。生物学のあらゆる分野から血液型を学び、一緒に考えてみよう。

812 日本列島人の歴史 〈知の航海〉シリーズ　斎藤成也著

列島人4万年の歴史を、現代からさかのぼります。政治的中心の移動、ゲノム、人口、体格など、様々なデータを参照し、起源へと迫ります。

813 屈折万歳！　小島慶子著

家でも、学校や職場でも空回りしていた著者。自らの屈折体験をふまえ、「いろいろあるけど人生はそう捨てたもんじゃないよ」と悩める10代にエールを送る。

814 レンアイ、基本のキ —好きになったらなんでもＯＫ？—　打越さく良著

「恋愛って相手を束縛することなの？」様々なケースから不幸せにならない二人の関係のあり方を考えていく。巻末には相談窓口を付す。

815 岩波メソッド 学校にはない教科書 —いま、必要な5×5の学習法—　岩波邦明・押田あゆみ著

本気議論力、英語ＬＯＶＥ力、1択力など、これからの時代に必要な「生きる力」を身につけるための学習法をアドバイス。

816 ＡＫＢ48、被災地へ行く　石原真著

二〇一一年五月から現在まで一度も欠かすことなく続けられている被災地訪問活動。人気アイドルの知られざる活動の様子を紹介します。

817 森と山と川でたどるドイツ史　池上俊一著

魔女狩り、音楽の国、ユダヤ人迫害、環境先進国――ドイツの歩んだ光と影の歴史を、ゲルマン時代からの自然との関わりを軸にたどります。

818 戦後日本の経済と社会―平和共生のアジアへ―　石原享一著

民主化、高度成長、歪み、克服とつづく戦後。多くの課題に取り組んできた、その歩みをたどり、アジア諸国との共生の道を考える。

819 インカの世界を知る　木村秀雄・高野潤著

天空の聖殿マチュピチュ、深い森に眠る神殿、謎に満ちた巨石…。神秘と謎に包まれたインカの魅力を多数の写真とともに紹介します。

820 詩の寺子屋　和合亮一著

詩は言葉のダンスだ。耳や心に残った言葉を集めて、かたまりをつくろう。それが詩になり、自分の心の記録、そして記憶になるんだ。

821 姜尚中と読む 夏目漱石　姜尚中著

夏目漱石に心酔し、高校時代から現在まで何度も読み直してきた著者と一緒に、作品に込められた漱石の思いを読み解いてみませんか。

822 ジャーナリストという仕事　斎藤貴男著

マスコミ不信の拡大、ネットなどによるメディア環境の激変。いまジャーナリストの果たすべき役割とは？ 自らの体験とともに熱く語ります。

823 地方自治のしくみがわかる本　村林守著

憲法は強力な自治権を保障しており、住民は政策決定に間接・直接に関われる。暮らしをよくする地方自治と住民の役割を考えよう。

824 寿命はなぜ決まっているのか ―長生き遺伝子のヒミツ　小林武彦著

人はみな、なぜ老い、死ぬのか。「命の回数券」「長生き遺伝子」とは？ 老化とガンの関係は？ 細胞老化の研究者が、科学的な観点から解説します。

825 国際情勢に強くなる英語キーワード　明石和康著

アメリカ大統領選挙、英国のEU離脱、金融危機、地球温暖化、IS、TPPなど国際情勢を理解するために必要なニュース英語を解説します。

826 生命デザイン学入門　小川(西秋)葉子・太田邦史編著

エピゲノム、腸内フローラ……。多様な環境を生き抜く力をもつ生命のデザインを社会に適用する新しい学問の魅力を紹介します。

827 保健室の恋バナ＋α　金子由美子著

とまどいも多い思春期の恋愛。「性と愛」、「ココロとカラダ」はどうあるべきか？ 保健室で中学生と向き合ってきた著者が、あなたの悩みに答えます。

828 人生の答えは家庭科に聞け！　堀内かおる・南野忠晴著　和田フミ江画

高校生たちが抱える悩みを漫画で表し、それらを受けて家庭科のプロが考え方や生きるヒントをアドバイス。人生の決断を豊かにしてくれる一冊。

829 恋の相手は女の子　室井舞花著

初恋は女の子。わたしらしく生きたいと願いつづけた同性愛当事者が、自身の体験と多様性に寛容な社会への思いを語る。

830 通訳になりたい！ ―ゼロからめざせる10の道―　松下佳世著

東京オリンピックを控え、注目を集める通訳。スポーツ通訳、ボランティア通訳、会議通訳など現役の通訳者たちの声を通して通訳の仕事の魅力を探ります。

831 自分の顔が好きですか？ ―「顔」の心理学―　山口真美著

顔は心の窓です。視線や表情でのコミュニケーション、顔を覚えるコツ、第一印象は大切か、魅力的な顔とは？ 心理学で解き明かします。

840 徳川家が見た戦争　徳川宗英著

二六〇年余の泰平をもたらした徳川時代、将軍家を支えた田安徳川家の第十一代当主が語る現代の平和論。二度と戦争を起こさないためには何が必要なのか。

841 研究するって面白い！—科学者になった11人の物語—　伊藤由佳理編著

理系の専門分野で活躍する女性科学者11人による研究案内。研究内容やその魅力を伝えると共に、どのように進路を決め、今があるのかについても語ります。

842 紛争・対立・暴力—世界の地域から考える—〈知の航海〉シリーズ　西崎文子・武内進一編著

なぜ世界でテロや暴力が蔓延するのか。欧州の移民問題や中東のISなど、宗教、人種・民族、貧困と格差が複雑に絡み合う現代社会の課題を解説。

843 期待はずれのドラフト1位—逆境からのそれぞれのリベンジ—　元永知宏著

プロ野球選手として思い通りの成績を残せなくてもそこで人生が終わるわけではない。新たな挑戦を続ける元ドラフト1位選手たちの軌跡を追う！

844 上手な脳の使いかた　岩田誠著

経験を積むことの重要性、失敗や叱られることの意味、失われた能力を取り戻すしくみ——脳のはたらきを知れば、使い方も見えてくる！　本当の「学び」とは何か？

845 方言萌え!?—ヴァーチャル方言を読み解く—　田中ゆかり著

キブンを表すのに最適なヴァーチャル方言は、リアル方言にも影響を与えている。その関係から、日本語や日本社会の新たな断面が見えてくる。

846 女も男も生きやすい国、スウェーデン　三瓶恵子著

男女平等政策を日々更新中のスウェーデン。その取り組みを具体的に紹介する。そこには日本の目指すべき未来がある。

847 王様でたどるイギリス史　池上俊一著

「紅茶を飲む英国紳士」はなぜ生まれた？「料理がマズイ」は戦略？　個性的な王様たちのもとで醸成された文化と気質を深〜く掘り下げ、イギリスの素顔に迫る！

848 財政から読みとく日本社会 ―君たちの未来のために― 井手英策著

日本の財政のなりたちをわかりやすく解説し、新しい社会への選択肢を考えます。誰もが安心してくらせる社会をつくるためにできることは？

849 正しいコピペのすすめ ―模倣、創造、著作権と私たち― 宮武久佳著

デジタル機器やネットの普及でコピーが日常行為になった今、知っておくべきルールとは？ 論文やレポートにも役立つ著作権の入門書。

850 聖徳太子 ―ほんとうの姿を求めて― 東野治之著

仏像に残された銘文や、自筆とされるお経の注釈書など、さまざまな手がかりを読み解き、太子の謎の実像に迫ります。調べて考える歴史学って面白い！

851 日本一小さな農業高校の学校づくり―愛農高校、校舎たてかえ顚末記 品田茂著

自主自立を学び、互いを尊重しあえる人を育む教育で知られる愛農高校のユニークな校舎づくり。みんなで力を合わせてつくった自分たちの学びの場とは？

852 東大留学生ディオンが見たニッポン ディオン・ン・ジエ・ティン著

大好きな国・ニッポンに留学したディオンの見聞録。東大での日々で同世代や社会に感じた異論・戸惑い・共感を率直に語る。国際化にむけても示唆に富む一冊。

853 中学生になったら 宮下聡著

勉強や進路、友達との関係に悩む中学生の日常に寄り添って、充実した三年間を送る方法をアドバイス。自ら考え判断し、行動する力を身につけたい生徒に最適。

854 質問する、問い返す ―主体的に学ぶということ― 名古谷隆彦著

「主体的に学ぶ」とは何か、「考える」とはどういうことなのか。多くの学校現場の取材をもとに主体的に学ぶことの意味を探る。

855 読みたい心に火をつけろ！ ―学校図書館大活用術― 木下通子著

学校図書館には、多様な注文をもった生徒たちがやってくる。学校司書として生徒の「読みたい」「知りたい」に応える様子を紹介。本を読む楽しさや意義も伝える。